思考力を高める授業

作品を解釈するメカニズム

佐藤佐敏

三省堂

目次

装丁・本文レイアウト◉臼井弘志＋藤塚尚子（公和図書デザイン室）

序章

1 解釈は推論である

〈読み〉の授業を行う目的の一つは、〈読みの力〉を高めることにある。にもかかわらず、授業の前後で〈読みの力〉が高まったかどうかを評価することは難しい。

一体、授業者は、子どもたちの〈読みの力〉をどのように高めたら良いのであろうか。

ひと言で〈読み〉といっても、音読にはじまり解読、解釈、批評、調べ読み等、様々な〈読み〉がある。本著において筆者は、解釈することに射程を絞り、〈解釈する力〉を高めるための方途を述べる。本著において〈読みの力〉と述べる時は、〈解釈する力〉のことを指しているとして読んでいただきたい。

〈読みの力〉を高めるために、次のような授業展開を提案する。

1　解釈を選択式で提示する発問を行う。

（例1）がまくんが一番喜んだのは、次のどの場面ですか？

A　かえるくんが自分に手紙を書いたと教えてくれたところ
B　かえるくんの手紙の文章を聞いたところ
C　かえるくんと一緒に手紙が届くのを待っているところ
D　手紙をかたつむりくんから受け取ったところ

「お手紙」より

（例2）与一は「黒革をどしの武者を射よ」と命じられた時に、嫌々引き受けましたか？

嫌々引き受けたわけではなかったのですか？

「扇の的―平家物語」より

※この時点では、「どちらともいえない」「どちらでもある」といった解答を認めない。

2 選択式発問に対する〈根拠〉と〈理由〉をできるだけたくさん挙げる。

①「仮説」として考える。解決を急がない。いずれの解釈の可能性もありうるとして考える。

②この時、〈解釈〉と〈根拠〉と〈理由〉をセットで答えさせる。

③できる限り、多くのセットを挙げさせる。

3 多くの子どもの、たくさんの〈解釈〉〈根拠〉〈理由〉のセットを教室で共有する（発言させる）。

①話合いでMECE[*1]な状態をつくる。

②できる限り、多くの反論（反証となる〈根拠〉や〈理由〉）を挙げさせる。

4 それらすべての〈解釈〉〈根拠〉〈理由〉のセットを俯瞰させて、最も蓋然性の高い解釈を考える。

5 この課題で考えたことを基にして、自分の発見した〈作品の価値〉や、自分の感じた〈作品の魅力〉をまとめる。

※この展開は基本形である。学年や教材の特性によっては、この基本的な展開を変形させる。

今までの国語の〈読み〉の授業は、次のように行われることが多かった。

1 〈根拠〉と〈理由〉の相違を意識させずに、混在させて答えさせていた。

2 〈根拠〉と〈理由〉の相違を明示して答えさせたとしても、〈解釈〉〈根拠〉〈理由〉の三点を一つのセットで答えさせていなかった。また、そのセットを複数挙げさせることはなかった。

3 話合いの最後は、「どの解釈の蓋然性が高いか」という吟味をしない完全なオープンエンドであったり、その逆に、解釈一つだけを正しいと判断して他の解釈を完全に否定したりしていた。

4 〈作品の魅力や価値〉に気付くことを最終的な目的として、課題を提示していなかった。

今回提案する授業に似ている授業は、行われてきたかもしれない。

しかし、それはあくまでも似ているのであって、同じではない。また、行われていたとしても、明確な理論に基づいて行われていたわけではない。

理論が不明確なまま実践されているので、その実践は中途半端であり、徹底されてはいない。

その結果、〈読みの力〉が子どもに付いたのかどうか、不明確な授業が繰り返されていた。

本著は理論編と実践編に分けてある。

理論編では、上記のような展開が、なぜ〈読みの力〉を高めることになるのか、そのメカニズムを説明する。これは既に全国大学国語教育学会編『国語科教育』第六七集と『国語科教育』第六九集、日本国語教育学会編『月刊国語教育』No.481等で発表している。それらの学術論文を実践者向けに噛み砕き、筆者の提案する授業が、他の授業とどこが違うのか、どのように〈読みの力〉を高めるのかについて解説する。

次に、実践編では、具体的な作品に応じて授業の様相を示す。作品は小学校二年生から中学校三年生までの文学教材と韻文教材を用意した。そして、具体的な発問と〈根拠〉〈理由〉〈解釈〉のセットを列挙し、話合いの着地点や〈作品の魅力や価値〉の一例を示した。

理論編から順序よく読んでいただくことを筆者としては望むが、多用な毎日を送っている実践者は、差し迫った教材における実践から読んでもらっても良い。

2 本著のオリジナリティはどこにあるか

選択式の発問は、どの教室でも実践されている。殊に、「A or B（A or 非A）」といった選択式の発問は国語に限らず、モラルジレンマ教材による道徳や、模擬裁判を取り入れた社会など他教科でもよく行われている。したがって、「こんな発問など、別に新しいことでも何でもない。自分も行っている。今さらなんだ」と思われる実践家もいることであろう。

今までの実践家の実践報告と、本著は、どこが違うのか。

例えば、「A or B（A or 非A）」といった選択式の発問をすることで「授業が盛り上がる」「楽しい授業となる」という実践報告は、相当数存在する。

しかしながら、「A or B（A or 非A）」といった選択式の発問が、なぜ、〈読みの力〉を付けるのかについて理論的に究明した論文はない。

このメカニズムを明晰にしたことが、本著の第一のオリジナリティである。

実践編では、小学校教材四つ、中学校教材五つ、この他、小・中学校どちらでも実践できる韻文を四つ取り上げ、それぞれの教材において次のことを述べた。

1　〈読みの力〉を付けたり、〈作品の魅力や価値〉に迫ったりする選択式の発問を提示する。
2　選択式の発問から導かれる、〈根拠〉〈理由〉〈解釈〉をセットでたくさん羅列する。
3　その上で、子どもに気付いてもらいたい〈作品の魅力や価値〉の一例を記す。

まずは、発問をした時の子どもの多様な反応を記した。

授業を構想する際の勝負は、発問をした時の子どもの反応をどれだけ多様に予測できるかにある。発問をした時、子どもが本文からどんな〈根拠〉を挙げ、どんな〈理由〉で答えるのかを多様に予測できると、授業の展開に見通しが立つ。

そもそも、発問に対する〈根拠〉が三つ以下しかない発問であれば、それは発問にならない。互いの解釈の異同を検討する思考力が発揮されないからである。

ここでは、主立った子どもの反応例を〈根拠〉と〈理由〉をセットで掲載し、教材によっては誤答も含めた。

ところで、「AorB（Aor非A）」といった選択式の発問をして、子どもたちが話合いを楽しむ様子を見てよしとしている実践報告が、残念ながら圧倒的に多い。激しい発言の応酬を見て満足する授業については、様々な論者が既に問題視している。授業が盛り上がるということのみで、選択式の発問をして良いだろうか。

次の二点を目指してこそ、発問をする意味がある。

1　〈読みの力〉を付けること

2　子どもが〈作品の魅力〉に気付いたり、〈作品の価値〉を見いだしたりすること

子どもが作品に価値を見いだすことを想定しないまま、選択式の発問をしている実践がある。行き先が不明のまま、「たくさんの発言が生まれて良かったね」で終えている実践である。もったいないことである。〈作品の魅力や価値〉と無関係のところで話合いを組織しても、それは意味が薄い。話合いをさせても、作品のもっている文学的な魅力と結び付かないのであれば、何のための話合いであったのか不明である。

実践編では、〈作品の魅力や価値〉を念頭に入れて話合いの着地点の一例を記した。

もちろん、〈作品の魅力や価値〉は子どもたちが自ら見つけ、自ら意義付けることができれば良いのであって、指導者側が〈作品の魅力や価値〉を押し付けてはならない。大切なのは、〈作品の魅力や価値〉について子どもに伝えるということではない。

筆者は、子どもが〈作品の魅力〉に気付いたり、〈作品の価値〉を発見したりすることを目的として選択式の発問を課題とし、話合いを組織すべきだと主張する。そのためにも、〈作品の魅力や価値〉について指導者が自身の解釈をもった上で発問をしなければならないと考える。〈作品の魅力や価値〉を意識した上で子どもの反応を見取り、話合いの舵取りをしたほうが、それを意識していない時よりも、授業展開の見晴らしは遙かに良いものになる。

そういった意味で〈作品の魅力や価値〉について触れ、話合いでの着地点の一例を記した。「作品のもっている魅力として、ここは外さないほうがいいよね」というポイントはある。そのポイントを明記した。強制や押し付けではなく、「ここまでは言えるよね、確認しておこうね」ということを曖昧にぼかしておかないで記したのである。

しかし、ここに記した〈作品の魅力や価値〉は一例であって、その最終的な気付きや発見は、子ども一人一人に任せるべきである。

本提案は、基本的には授業の最後に「では、この話合いで挙がった解釈を参考にして、あなたが見つけた〈作品の魅力や価値〉をまとめなさい（感想をどうぞ）」という指示で終えている。

なお、一例として挙げた筆者の〈作品の魅力や価値〉と、読者である皆さんが考えた〈作品の魅力や価値〉は、往々にして異なるであろう。それで良い。それで良いからこそ、記す意味もある。筆者の見いだした〈作品の魅力や価値〉が明らかな誤読である場合は、ご批正を賜りたい。

指導者の見いだした〈作品の魅力や価値〉と、子どもの導き出した〈作品の魅力や価値〉が異なる場合もある。

指導者の考えていた〈作品の魅力や価値〉を超えた子どもの発言に触れた時こそ、授業をしていて最も楽しい至福の時間である。


ここに挙げた〈作品の魅力や価値〉、話合いの着地点は、これまで筆者が子どもたちと創出してきた現段階での通過点である。ここで記した着地点以上の着地点は、きっと、あるであろう。

また、授業する子どもが違うのだから、学級の子どもに相応しい、違った着地点もあることであろう。

理論編に記すことであるが、解釈は「仮説的推論（アブダクション）」である。

したがって、より良い解釈が見つかれば、そちらに乗り換えるべき一時的な据え置きでしかない。

追試をした上で、より良い着地点を見つけた方は、ご意見いただければ幸いである。


また、本著では、〈根拠〉と〈理由〉と〈解釈〉をセットにして数多く提示した。これほど多くの〈根拠〉と〈理由〉をセットで提示した著作物は他に類を見ないであろう。〈根拠〉と〈理由〉を分離して記述させることで〈根拠〉の差違と〈理由〉の差違が顕在化する。したがって、〈根拠〉の相違が〈解釈〉に影響を与えていることや、〈理由〉の相違が〈解釈〉を左右していることが可視化される（「見える化」される）。〈根拠〉と〈理由〉から導かれる推論過程が目に見えることで、その理路が整然とするのである。

本著は、このような特徴を持している。

3 二項対立的思考の危険性―危険であるからこそ、「思考力」を鍛える―

選択式の発問には、問題がある。その問題について、筆者がどういった立ち位置をとっているのかについて、あらかじめ断っておきたい。二項対立的な問いには、次の問題が内包されている。


選択式の発問の中でも殊に、「A or B（A or 非A）」という二項対立的な発問は、歪めた固定的解釈に収束させる危険性がある。

したがって、授業では、このような話合いをしないほうが良い。


そのとおりである。この発問は危険である。現実的に考えてみよう。

例えば、二項対立の「A or B（A or 非A）」で発問をすると、どうなるか。

「A or B（A or 非A）」を話し合わせて、結局「C」に落ち着く場合がある。

「Aでもあり、Bでもある」場合もある。

「Aでもなく、Bでもない」場合もある。

「ある視点から見るとAであり、別の視点から見るとBである」という場合もある。

「○○という言葉の定義を□と考えるとAであり、その定義を△と考えるとBとなる。」という場合もある（例えば、「主人公は幸福ですか、幸福とは言えませんか」という発問は、「何をもって幸福と考えるか」という定義で、その着地点はAにもBにもなり得るのであり、この定義の創出はアブダクションである）。

解釈とは推論することである。それは、作品を読んだその時点での仮説に過ぎない。若い時に読んだ作品と、多くの経験を積んでから読んだ作品では解釈は変わってくる。したがって、解釈は一時的な据え置きに過ぎず、読んだその時点における仮説である。科学の世界で「白い仮説と黒い仮説」と呼ばれるように、科学の世界においても、定説に近い仮説から疑似科学と呼ばれる怪しい仮説まで存在している。また、冥王星が惑星から準惑星に降格したように、定説が覆されるケースも少なくはない。科学の世界でさえ、仮説は覆されるものなのである。ましてや、作品の〈読み〉で行われる推論であれば、他者の解釈に触れたり、他者の示す〈根拠〉、自分にない他者の経験を聞いたりすることで、柔軟に修正されていくべき宿命を負っている。科学の世界ではこれは「仮説の流動性」と呼ばれている。

　したがって、二項対立の解釈の、いずれか一方のみを全面的に正しいとし、片方を全面的に否定するという思考は、現実的ではない。

　一方のみを全肯定し、他方を全否定すると、そこには分断しかない。ディベートのような対立項の話合いで他者から批判を受けると、それを受け入れて合意形成を目指すといった方向に話合いが進まず、自分の意見にさらに固執していく人がいる。社会心理学では、集団極化現象と呼ばれる集団心理が働くと言われている。有馬淑子氏は、「集団で話し合えば話し合うほど、またそれが熱心で活発なものであればあるほど、話合いの結論は極端なものになる」[*2]と述べている。話合いというのは、放っておくと極端な方向に展開する傾向があることを指導者は認識しておいたほうが良い。

殊に、二項対立の話題において、一方のみに肩入れをして他方を排除する話合いを組織するのは危険である。

だからこそ、教室では学習者全員で話合いをする目的や意味を共有しておく必要がある。

授業のゴールは、相反する二つの解釈に、甲乙、白黒の軍配の決着を付けることにはない。

「A or B（A or 非A）」を考えることで、入力する〈根拠〉を比較したり、アクセスする知識の妥当性を検討したりすることをとおして、その思考力を高めることにある。そして、その末に、子どもたちが、教室を離れた際、自分で他の作品を読む際に自力で〈作品の魅力や価値〉に気付くことができることにある。

だからこそ、以下のことを確認しておきたい。

「A or B（A or 非A）」という選択式の発問は、〈読みの力〉を付け、〈作品の魅力や価値〉に気付くための手段として用いているのであって、「A or B」に決着を付けることを授業のゴールとはしていないのである。

「A or B（A or 非A）」という選択式の発問による話合いを組織する教育的な意義としては、この発問を手段として用いることで、〈読みの力〉を付けることにある。加えて、この発問を手段として用いることで、〈作品の魅力や価値〉に気付くことを目的としている。

「A or B」と尋ねながら、着地点が「A or B」に留まらないことがあるという問題は、次のようにあらかじめ子どもたちに語ることで回避できる。

「A or B（A or 非A）を話し合うけれども、このAかBかの決着を付けることが、学習活動のゴールではありません。〈作品の魅力や価値〉に迫るために、この問題の解釈を考えてみるのです。」

小学校低学年の子どもが、この説明で納得するかどうかは、もう少し多くの事例で検証しなければならない。しかし、中学生であれば、このように話した上で、数回の話合いをもち、〈読みの力〉が高まっている手応えや〈作品の魅力や価値〉に気付いた実感をもたせていくことで、子どもは納得する。

筆者は、教職員の集う講演会で五〇回以上、模擬授業をしてきた。「解釈は推論であり、仮説に過ぎない。したがって、一時的な据え置きでしかない」という筆者の主張を多くの先生方が理解してくださる中にあって、「A or B」に対する自身の解釈を決して譲りたくないという方がいらっしゃる。「仮説の流動性」を認めず、自身の解釈に固執される方である。

科学者の菊池誠氏は、「頭で理解する」ことと「気持ちで納得すること」の違いを説明している。[*3] 例えば、疑似科学を信じる人たちは、「〈根拠〉がなく論理が破綻していようとも、決して納得しない」という。そして、そういった思考をする人はゼロにはならない。確かに、自身の解釈に対する揺るぎない信念も、場合によっては必要なこともあろう。信じ続けていたほうが幸せだということもあろう。

しかしながら、自分の解釈が他者の解釈より常に優れているということは希有なことである。子どもたちは、そのことに気付いておく必要がある。そして、話合いをとおして、自身の解釈よりも他者の解釈のほうが良いと気付くことこそが学ぶことの喜びであると知っていたほうが良い。

せめて、どうしても自身の解釈を譲りたくない時は、「理解はしたが、納得はできない」「多くの仲間が支持する解釈のほうが客観的な〈根拠〉が多く挙がっていることは理解できるが、感情がそれを認めさせない」という自分の心理状態を自覚できていたほうが良い（できればそれを表明できる心の器も欲しい）。そのほうが、合意形成が必要となる様々な場面で、悪戯に場の空気を硬くしないで済む。

感情的に納得できるかどうかは別として、より蓋然性の高い仮説を支持できるかどうかは、〈読みの力〉が高まっていることの実感にある。

または、話合いの末、自分の知り得なかった〈作品の魅力や価値〉に着地した時の喜びの実感にある。

そういった実感をもった子どもは、「A or B」の推論の可能性を無数に想定して考える。肩の力を抜いて冷静な目でそれぞれの推論を比較し、最も蓋然性の高い解釈を選択していくことができる。

このような授業を繰り返した子どもたちは、国語の授業場面に限らず、現実的な生活場面における問題解決も、これに似たゴールに辿り着くことが多いことにも気付いていく。

観点によって解釈は異なるのだな、言葉の定義で解釈は異なるのだな。だから、すべての解釈は仮説に過ぎないのだな、絶対的に正しい解釈というものは、世の中には存在しないんだな。

新しい事実が判明したら〈根拠〉が見つかったら解釈は変わる。立場が変われば解釈は変わる。したがって、すべての解釈は、その時点での一時的据え置きに過ぎない。

現代は、価値観が多様化している。

複雑な社会を生きぬく上で、対立する問題のどこに着地点を見いだすかということを考える意義は大きい。実際のところ、世の中は二項対立として語られる問題は大変に多い。「前衛か伝統か」「均質性か多様性か」「現実主義か理想主義か」といった概念的な対立から、「規制保護か規制緩和か」「経済優先か環境保護優先か」といった政策的対立、教育課題に目を向ければ「教師主導と子ども主体」「個の育成と集団の育成」「絶対評価と相対評価」といった対立が思い浮かぶ。

これらの二項対立に対して、片方だけに肩入れして対立項を否定してしまうと、そこから先の対話はなくなり、閉鎖的な方向に進んでいく。かつてのイデオロギー論争が示すとおり、その閉鎖性は、ファシズムに進む危険性さえある。視点を変えれば見え方は変わる。立場を変えれば、意味は変わる。入力される情報が変われば、対立項を支持することへの理解が深まる。その理解が深まれば、対立する相手へのリスペクトの気持ちも保持することができる。

視点を変え、立場を変え、多くの〈根拠〉と〈理由〉の情報を集める中で、その個々の状況に応じてベストの解決を互いに探っていくということが、現実的な問題解決の場面では必要である。

だからこそ、選択式の発問を契機として、相反する考えを摺り合わせたり、折り合いを付けたり、落としどころを探ったりする思考力を鍛えることは、現代社会を生きる上で必要である。

これらの発問で、全面的に片方を正義、真理であると断定し、逆の立場を全面的に否定することは避けたほうが良い。作品によっては、完全なクローズドエンドにすべき課題もあるが、大切なのは、A or B（A or

非A）の幅広いゾーンのどのあたりに着地するかを、そのケースバイケースに応じて考えることである。対立する考えをもつ相手への敬意を失わずに、できるだけ双方が首肯できる着地点を探るのである。

複雑な課題を多面的に判断していくことで、その着地点を探る思考力を身に付けるという意図を教室全体で共有して授業することを筆者は提案する。筆者は、このような指導観に立って、「AorB（Aor非A）」の発問を提示している。

また、次の点も最初に断っておきたい。

筆者は、すべての文学作品で、このような「AorB（Aor非A）といった選択式の発問」をすべきであると述べているわけではない。この発問をすることで、〈読みの力〉を高める作品もあれば、そうでない作品もある。また、この発問をすることで、〈作品の魅力や価値〉に気付く作品もあれば、そうでない作品もある。したがって、常に、どんな作品でも、こういった発問をすべきだと述べているわけではない。

〈読みの力〉を高めないのであれば、この発問をしてはいけない。
〈作品の魅力や価値〉と無関係であれば、この発問をしてはいけない。

筆者は、こういった立場から、本著を記した。

◉注

＊1　MECEとは、「Mutually Exclusive and Collectively Exhaustive」の略であり、「ある事柄や概念を重なりなくしかも漏れのない部分の集まりで捉えること」である。
照屋華子・岡田恵子　二〇〇一『ロジカル・シンキング―論理的な思考と構成のスキル』東洋経済新報社　五八頁

＊2　有馬淑子　二〇一二『極端化する社会』北大路書房　九頁

＊3　菊池誠　二〇一一「科学と科学ではないもの」『もうダマされないための「科学」講義』光文社新書　六二―六三頁

理論編

第1章

推論の力を高める発問と展開

1 選択式の発問が〈読みの力〉を高めるメカニズム

選択式の発問で代表的なものは、「Aですか、Aとは言えませんか?」といった形式である。この発問は、ディベートの流行が追い風となり、爆発的に流布していった。一時期、勉強不足の教師たちに、「A or B（A or 非A）の発問で行われる授業」イコール「ディベート」と誤って受け取られる風潮さえあった。

幸い、これは歴史的過誤として葬られ、最近そのようなことを言う教師は少なくなったが、かつて、この発問形式を用いることによって「話合いが活発になった、子どもが言葉を検討した、国語の力を身に付けた」といった報告が多数挙がった。

しかしながら、実践者の多くは、「選択式の発問が児童や子どもの思考を活性化する発問であること」を経験的に知ってはいても、「なぜ、この形式が思考を活性化させるのか」といったメカニズムについては知らない。

「話合いが盛り上がるシステム」として、次のことは誰でも気付いている。

○か×か立場を二つに絞らせて、△の立場を認めないことで論点の絞った話合いが組織される。論点が絞られるので、刺激的な話合いが繰り広げられ、子どもの発言意欲が高まる。

論点の絡まない話合いが多い教室では、これだけのために、この発問を選択することもある。確かに、論点を絞った話合いを組織するために選択式の発問を用いることも悪くはない。

しかし、この発問形式は、単に「論点の絞った話合いができる」ということにとどまらず、〈読みの力〉を向上させることに役立つ。それを知っていたほうが良い。

では、なぜ、選択式の発問は、子どもの〈読みの力〉を高めるのか。

筆者は〈読み〉のメカニズムを次のように「仮説的推論（アブダクション）」と捉えている。

文章を読むということは、「情報（文章）を入力し、それを各自の既有知識や既有経験にアクセスし、仮説的推論をする営み」である。それは、**図1**のように示すことができる。

このモデルを筆者は〈解釈のアブダクション・モデル〉と命名した。*1

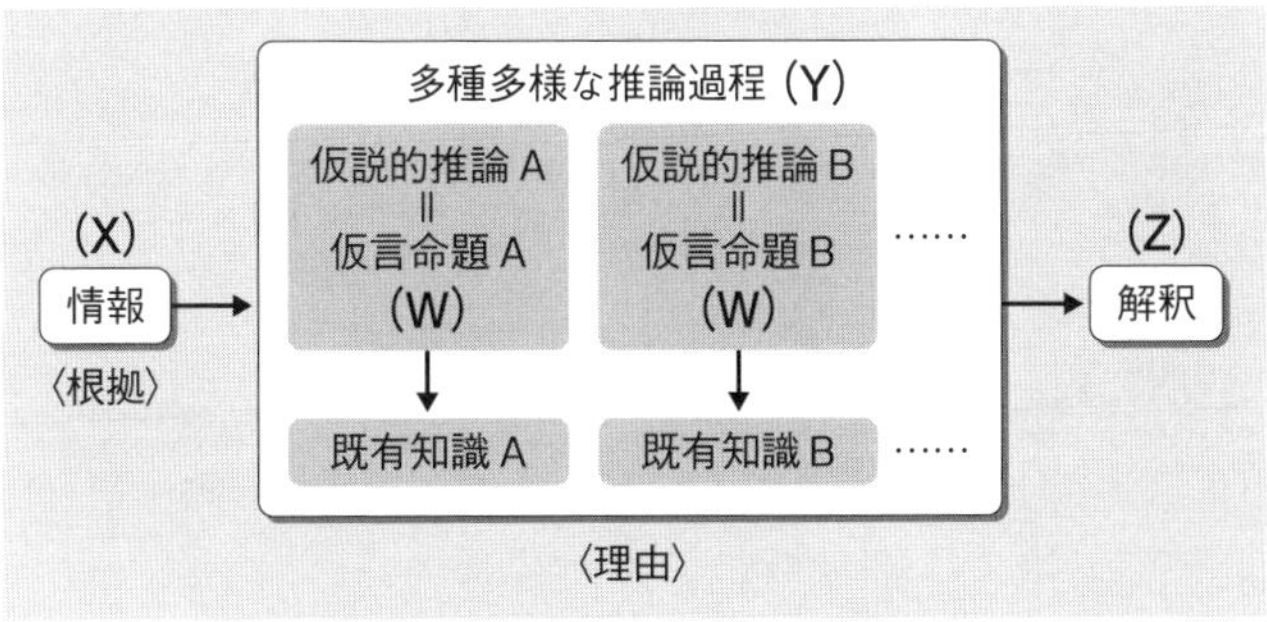

図1●解釈のアブダクション・モデル

文章を読み、解釈するという過程は、（X）という入力と、（Y）という既有知識や既有経験へのアクセス、（Z）という出力の三項で示すことができる。

私たちは、まず本文を読み、その情報を入力する（X）。そして、何らかの個人の既有知識や既有経験にアクセスして（Y）、何らかの解釈（Z）を導いている。

入力する情報が異なれば（着目する本文中の言葉が異なれば）、解釈は異なるし、アクセスする知識や経験が異なれば、やはり解釈は異なってくる。時として、同じ本文の言葉に着目しても、アクセスした知識が異なることで、正反対の解釈に導かれることもある。ここに解釈を交流し合うことの楽しさがある。

そして、私たちが説得力をもって頷く解釈というのは、この三項からなる推論過程が極めて論理的に美しく整合がとれているものである。

したがって、この推論過程を鍛えることで、〈読みの力〉の向上が図られる。私たちの多くが、〈読み〉の授業で子どもに解釈の交流を求めているのは、この推論過程の差異を確認させていたのである（なお、〈アブダクション〉についての説明は一四七頁に後述する）。

さて、この推論過程を鍛えるのに、選択式の発問は大変に有効である。

選択式の発問は、〈解釈のアブダクション・モデル〉で考えると、この（Z）を先に提示し、その〈根拠〉を本文に探らせ（X）、その〈理由〉を既有知識にアクセスさせて考えさせる（Y）という仕組みになっている。*2

例えば、作品「扇の的」（平家物語）における「与一は「黒革をどしの武者を射よ」と命じられた時に、嫌々引き受けましたか？　嫌々引き受けたわけではなかったのですか？」という発問は、（Z）の提示に相当する。この選択部分を先に提示することで、その解釈に導くための本文の検討（Xの検討）と、その妥当性を探る既有知識や既有経験へのアクセス（Y）を行わせているのである。

解釈の妥当性を高め、仲間を説得するためには、入力情報（X）を〈根拠〉とすることに加えて、各自の既有知識に的確にアクセスすること（Y）が求められる。

つまり、この三項の関係は、次のように整理できる。

> 選択式の発問は、〈解釈のアブダクション・モデル〉の〈解釈〉部分（Z）を先に提示することで、本文の〈根拠〉（X）とその〈理由〉（Y）の検討を導くという、問いの仕組みになっている。〈解釈〉の蓋然性は、〈根拠〉と〈理由〉の整合性や論理性で決定する。
>
> したがって、この（Z）を尋ねる発問で（X）と（Y）の整合性や論理性を検討する話合いを組織すると、〈読みの力〉は向上する。

解釈を述べる際に、〈根拠〉と〈理由〉を別々のものであると理解して授業している教師は非常に少ない。

「なんとなく、そう思っていた」という人は多い。筆者の提案に対して、「そんなことは昔から私はやっていた、別に真新しい提案ではない」と述べる実践者もいる。しかし、それは本当だろうか。確かに、「証拠を挙げなさい」「わけも答えなさい」「理由を答えなさい」「なぜなら……に続けて答えなさい」といった指示を出す教師は多い。

しかし、この問い方では、〈根拠〉と〈理由〉は混在する。

「証拠を挙げなさい」「わけも答えなさい」という発問と、「〈根拠〉と〈理由〉の両方をセットで答えなさい」という発問は、似ているようだが、決定的に異なる。
この違いは紙一重のように見えるが、ここには千里の径庭が横たわっている。

明確に〈根拠〉と〈理由〉の違いを子どもに意識させて読みの授業を行っていた人は、圧倒的に少ない。実際、教師自身が〈根拠〉と〈理由〉を混同している実践報告を挙げると枚挙にいとまがない。

筆者が、文学の読みの領域におけるこの提案を最初に全国に発信したのは、二〇〇八年『現代教育科学』誌七月号においてであった。*3 その後、筆者と同じように、〈根拠〉と〈理由〉を分けて解釈を述べることを奨励した実践家もいる。*4

しかしながら、〈根拠〉と〈理由〉の両方を述べることで〈読みの力〉を高めるべきであると明解な説明で提案している実践は、バタフライ・マップ法を提唱した藤森裕治氏以外には見当たらない（筆者とは多少使い方が異なるのだが、その違いは後述する）。文章を〈根拠〉とし、その〈根拠〉から導かれる解釈への理路を整然とするために〈理由〉も付記することを課して話合いを組織している実践は藤森氏を除いて皆無であった。

2 〈解釈〉と〈根拠〉と〈理由〉の三項の関係

選択式の発問について、野口芳宏氏は次のように述べている。

「私が授業の技術として採用する○×法は、解答者に、仮の自己決定をさせ、他者の考えとの綿密な比較、吟味の上、自分の判断の妥当性を検討させ、自分の考えに向上的変容をもたらすというところに狙いがある。」[*5]

野口氏の「自己決定をさせ、比較させ、妥当性を検討させ、自分の考えの向上的変容をもたらす」という○×法は、自分の考えを仮説と扱っているので、私の考えと一致している。しかし、野口氏は、〈読みの力〉という視点からは述べていない。また、その理論的なことについては述べていない。野口氏は次のように述べている。

「ノートに書く時は、根拠も理由も書く必要はない、ズバリ答えだけ書けば良い」[*6]

この点について筆者は、野口氏の見解と考えを異にする。〈根拠〉と〈理由〉を記述し、その〈根拠〉と〈理由〉の違いこそを検討するから、〈読みの力〉が高まると考えるからである。

〈根拠〉と〈理由〉こそ、書く必要がある。ここを曖昧にしては、〈読みの力〉は高まらない。

他者の仮説的推論と、自分の仮説的推論は、どこが違うのか。その違いは、どこにあるのか。

それは、〈根拠〉と〈理由〉の差異を検討し合うからこそ、分かるのである。

そして、その差異が明確になるからこそ、より蓋然性の高い解釈がどれかということも明らかになるのである。

かつ、それにより、他の読みの場面で、「どのように情報を入力して〈根拠〉とすれば良いか」「どのように既有知識にアクセスして考えれば良いか」が分かるのである。これは、誤読という現象に絡めて次節で説明する。

確かに小学校低学年では、〈根拠〉と〈理由〉までをノートに記述させていたのでは、それだけで相当の時間を要する。話合いをする時間もなくなる。時間的制約や、それに関連した子どもの集中力の持続といった点を考慮すれば、〈根拠〉と〈理由〉の両方を書く必要はないとする主張も理解できる。また、小学校低学年では〈根拠〉と〈理由〉を分けてそれぞれを比較するのは難しいのかもしれない。

しかし、同じ〈根拠〉に着目したのに、〈理由〉が異なることで解釈が正反対になることはある。その場合、どちらの〈理由〉がより妥当だと言えるのか。そういった差異を検討するからこそ、解釈の深さや鋭さが明確になる。したがって、小学校高学年から中学校では、〈根拠〉と〈理由〉をセットで記述し、その差異の検討を促すことで、〈読みの力〉を高める。〈根拠〉と〈理由〉が曖昧では、その差異が不明確な曖昧な話合いにしかならない。

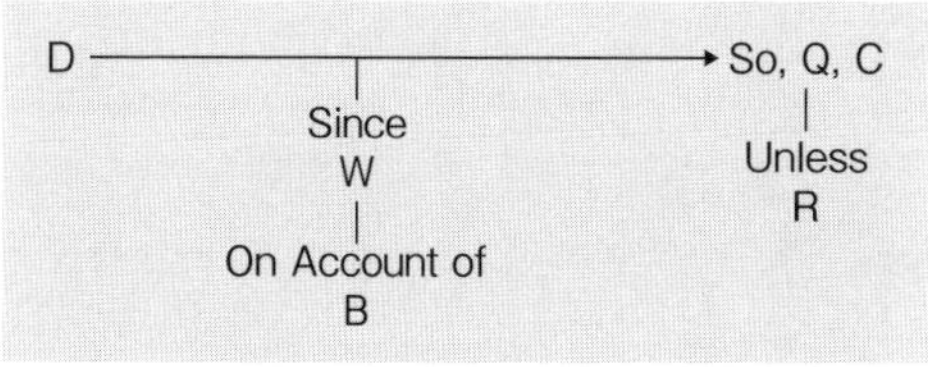

図2●トゥールミン・モデル

図3●三角ロジック

ところで、この〈根拠〉（X）〈理由〉（Y）〈解釈〉（Z）からなる三項の関係は、トゥールミンの考えた論証モデルの簡略化された形（一般的には「三角ロジック」というネーミングで巷間に流布している論証の構造）に類似している[*7]（**図2・図3**）。

井上尚美氏は、トゥールミンの示した六項目のうち、〈根拠〉と〈理由付け〉と〈主張〉が論の骨組みであり、〈理由の裏付け〉〈反証〉〈限定〉の三つは一括して但し書きと考えたほうが実際的にも扱いやすいとして、三項で考えることを勧めている。[*8]

また、鶴田清司氏も、トゥールミンの論証モデルに触れながら、論理的な思考力や表現力を育成するためには「自分の考えを支える根拠

〈具体的な事実・データ〉を挙げることはもちろんであるが、それに加えて理由（事実・データの解釈）も述べることが重要になってくる」と〈根拠〉と〈理由〉と〈主張〉をセットで述べることを奨励している。[*9]

この三角ロジックは、以前から「話すこと・聞くこと」指導におけるディベートで活用されていた。また、「読むこと」の領域においては、中村敦雄氏が説明的文章の分析や、新聞記事における意見の分析をする際に三角ロジックを活用させる実践を紹介していた。[*10] 加えて、門島伸佳氏も説明的文章の読み取りにおいて三角ロジックを子どもに活用させる実践を報告していた。[*11] 筆者が提示している〈解釈のアブダクション・モデル〉は、この三項の関係を文学的文章の解釈の授業において活用した試みである。

なお、文学の〈読み〉において〈根拠〉と〈理由〉を分けて記述させる実践としては、藤森氏のバタフライ・マップ法がある。[*12] この学習法と筆者の主張の相違点は、バタフライ・マップ法が一つのテーマに対して複数の〈根拠〉と複数の〈理由〉を複合的に羅列しているのに対し、筆者は一つの〈根拠〉に一つの〈理由〉を対応して解釈することを提案しているところにある。一つの〈根拠〉に一つの〈理由〉を繋げて述べることで、その解釈の妥当性の比較が容易となるからである。

筆者は中学校の現場で、この〈根拠〉と〈理由〉に基づいて解釈することを子どもに課してきた。そして、中学生では、〈根拠〉と〈理由〉を結び付けて解釈を記すことができることを確信している。

また、筆者は、小学校二年生において選択式の発問を用いた「スイミー」の授業を担任にしていただき、「お手紙」の介入授業をさせてもらって児童の様子を観察した。その結果、小学校二年生においても、〈根拠〉を挙げることは、発達に障がいを抱えている子どもを除いて、ほぼ全員に近い児童に課すことが可能であるという手応えを得た。ただし、〈根拠〉と〈理由〉を繋げて解釈を述べることのできる児童は二割から七割であった。三項で答えることができるようになるまでには慣れや練習が必要であることが判明した。

このことから、小学校低学年から少しずつ〈根拠〉（X）〈理由〉（Y）〈解釈〉（Z）の三項の関係で、解釈を述べることを課していくことが良いであろう。三項の関係で解釈を述べることができることで、〈読みの力〉は格段に飛躍するからである。

具体的には、小学校低学年では、まず「〈根拠〉と〈理由〉のどちらかを答えられれば良い」という基準で、「証拠を答えなさい」「なぜなら……に続けて答えない」といった指示から始める。

証拠を挙げることが定着した後に、〈根拠〉と〈理由〉の両方を記述させるように指示する。

そして、最終的には指示を出さずとも、〈根拠〉と〈理由〉を記述する子どもを育てる。このように段階的に指導することで、子どもの〈読みの力〉を向上させたい。

3 なぜ、人は誤読するのか
―〈根拠〉と〈理由〉を分離することで見える「誤読」という現象―

ここでは、〈根拠〉と〈理由〉を明確に分けて考えることの有用性を読者である皆さんにも理解していただくために、誤読という現象を明晰にしよう。

選択式の発問における子どもの解答を〈根拠〉と〈理由〉に分けて考えると、誤読のパターンが判然とする。

なぜ人は誤読をするのか。

1 俳句の解釈を例として

雀らも海かけて飛べ吹流し　石田波郷*13

この俳句の大意を述べよう。

「海辺の吹流しが、海風になびいている。雀たちよ、この大海原を飛んでいけ。そして、その雀らのように子どもたちよ、向かい風に負けずに大志を抱いて羽ばたいていけ。」

以下、この大意を導いた解釈を補足する。

吹流しは、海辺で風速を測る吹流しとも考えられるが、端午の節句の鯉のぼりであるとも読める。

雀の姿を認めているのであるから、夜ではなく昼間の情景であろう。昼間であれば、通常、風は海から陸に向けて吹く。いわゆる海風となるのが一般的である。

「吹流し」という体言止めからは、凪の状態で吹流しがだらしなく垂れ下がっている状態ではなく、強く風になびいている姿が想像できる。海風が吹いていれば、鯉のぼりの顔は海を向いており、尾が陸のほうになびく。

つまり、その鯉のぼりの視線の先を飛ぶ雀たちを期待しているわけである。

「海かけて飛べ」の「かけて」には、どのような漢字が当てはまるのであろうか。

「架けて」「駆けて」「駈けて」「翔て」等の漢字を宛がうことが可能であり、「海を目掛けて」と読むこともできる。これらどの漢字を当てはめたとしても、雀たちに、「雀たちよ、海から陸に向かって飛んで来い」と言っているのではなく、「海に向かって飛んでいけ」と呼びかけていると言える。

「飛べ」という「飛ぶ」の命令形には、「飛んで来い」といった意味合いはないというのが、その理由の一点目である。

また、「雀らも」の「も」が、他にも類似の事物が存在することを言外に言い含めている助詞であるので、「鯉のぼりの向き」と同じ向きを雀も向いていると考えられるというのが、理由の二点目である。

ただし、同じ時季に燕が南洋から飛んでくることから、燕のように雀らも飛べと言っているとも解釈できるが、いずれにせよ、海のこちら側にいる雀らも吹流しや燕のように飛んでいけといっていることは間違いない。

この情景を捉えるだけでも作品の解釈は成立するのであるが、端午の節句における一つの情景を詠んだ歌だと踏まえると、この俳句に込められた作者のさらなる思いが浮かび上がってくる。

ここには、雀という小さな存在と、海という大きな存在の対比構造がある。

これらの形象の象徴性を吹流しが鯉のぼりを示しているという端午の節句の視点から読み解く時、「子どもたちに大きな未来に向けて飛び立って欲しい」と願う作者の気持ちが顕在化する。

しかも、折しも、吹流しがなびくほどの強い向かい風である。厳しい社会を生き抜くことは並大抵のことではないが、それにも負けることなく大海に飛びたてという強い激励が読み取れる。

事実、この俳句は、昭和一八年に脱稿された句集『風切』の補遺として現存しており、その年は波郷の長男修大が誕生した年であった。*14

子どもをみつめる作者自身の姿は、自分自身が大海原に飛び立つことはなく、既に足場を固めて自分より小さな存在を見守る立場になっている吹流しに自己投影されている。このように読むことで、この解釈は子どもたちの未来にエールを贈る多くの大人たちの姿と重なり、汎用性をもつ。

どこからが意訳であり、どこまでが的確な解釈であると判断できるかは、議論の余地のあるところである。

しかし、少なくとも、海と風と雀と吹流しの情景を一七音から正確に思い描く必要はある。歪んだ情景を思い描いてしまっては、的確な解釈は成り立たない。

そこで授業では、次の課題を子どもに与えた。

発問 この情景を絵にすると、どれが適当ですか。一つを選び、そのように考えた〈根拠〉と〈理由〉をできるだけたくさん挙げなさい。

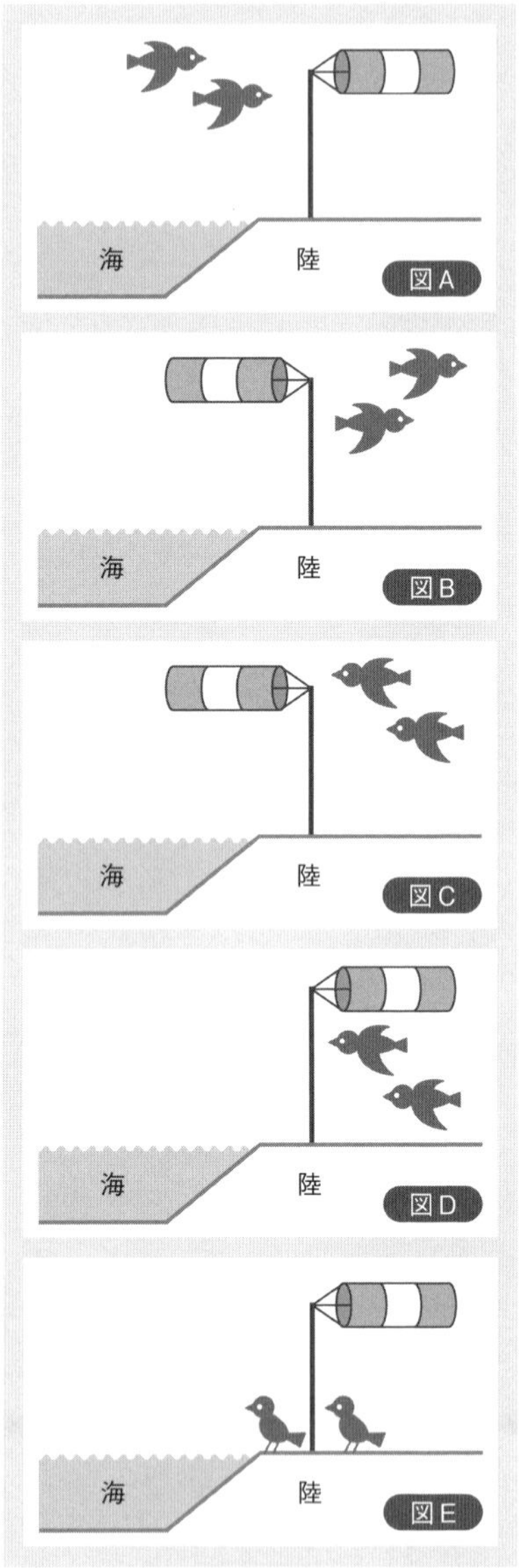

図4

最初に考えるべき点は、吹流しの向きである。

この場合吹流しは海を向いていなければならない。海のほうを向いていないと、海をかける雀の姿を見守ることができないからである。また、昼は海風が吹くという科学的事実に反するからである。

したがって、**図B**と**図C**は誤りである。また、吹流しがなびくほどの強風であるので、**図A**であると雀であれば一瞬のうちに吹流しを通り越して陸のほうに流されてしまう。

したがって、**図D**や**図E**が情景としては一番相応しい。

さて、ここで問題とするのは、これらの情景に対して子どもが各自の解釈をどのように説明するかということである。

この課題を子どもに与えて授業をすると、次のように子どもは答える。

S1…なんとなく、そう思った。

S2…（燕は海を越えてくるが）雀が海を越えて飛ぶということは有り得ない。だから図A・B・Eだと思う。

S3…前に海に行った時、風が陸から海に向けて吹いていた。だから図Bか図Cだと思う。

S4…「雀らが海をかけてきたように、吹流しも飛べ」という意味ではないか。


このS1〜S4の発言について分析してみよう。

2 【S1「なんとなく、そう思った。」の分析】

「なんとなく」と答えるのはなぜなのであろうか。

この「なんとなく」には、次の場合が想定できる。


「そもそも情報の入力をしていない」

「既有知識にアクセスしていない」

「アクセスしたが、既有知識にかかわる情報がない」

「アクセスしたが、的確な既有知識にヒットしない」

「既有知識にヒットして像を結んではいるのだけれど、それをどう説明したら良いのか分からない」

「既有知識に的確にアクセスできているのだが、教室の雰囲気からして説明するのが憚られる」


中学校の国語の授業では、安易に「なんとなく」と答える子どもは非常に多い。一計を案じる必要がある教室事情の一つである。

S1の推論過程を図示すると**図5-①**のようになる。このような子どもは文中の言葉を吟味せず、しかも既有知識に拠って考えないので誤読に陥る危険性が極めて高い。

このような子どもには、〈根拠〉を文中の言葉に求め、既有知識にアクセスして解釈することを教えなければならない。〈根拠〉や〈理由〉を考えないと的確な解釈に導かれないということを知らしめないといけない。

これらの状況を三つの場面に分けて説明する。

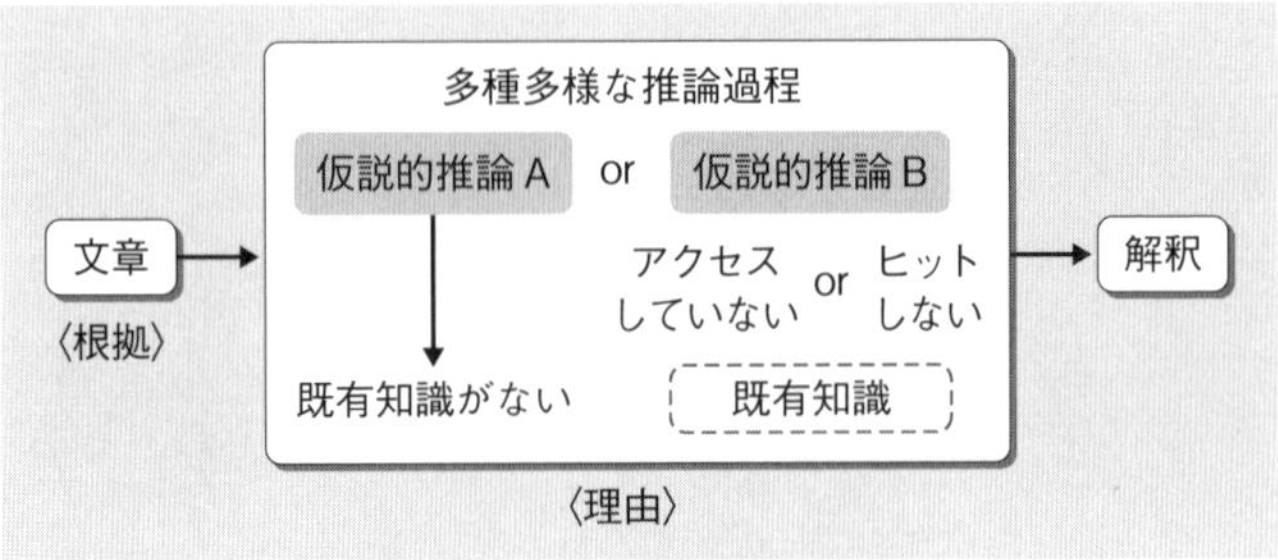

図5-①●誤読「知識の不活用」

◎情報の入力をしていない・教室の雰囲気から説明できない子ども

文章を目で追ってはいてもそれを推論過程に入力しない子どもがいる。学習に参加しているのかどうか、よく分からない子どもである。または、真剣に考えようとしていない子どもである。

これらの子どもに共通する問題は、学習意欲である。問題意識をもつことができず、問いに対峙しようとしない子どもである。幼い頃から負の学習を積み重ねてきた結果が、このような状態を招いている場合が多い。他の教科の教員と連携しながら、カウンセリングマインドで内発的要因、外発的要因等様々な観点から学習意欲の喚起を図る必要がある。

また、教室の雰囲気からして真面目に答えることを憚る子どももいる。答えることで冷やかされたり周囲から浮いてしまう自分を感じたりすることで、指名した子どもが「なんとなく」という発言を続けるような学級もある。

学習意欲と学級の学習風土に関しては大変に由々しき問題ではあるが、ここでの研究対象ではないので、これ以上の論考は割愛する。そういった子どもが存在するということを指摘するにとどめる。

◎既有知識が欠如している・既有知識にアクセスしない・既有知識にヒットできない子ども

問題とするのは、アクセスしたが情報に関する既有知識がない、または、アクセスしていない、または、アクセスしたにもかかわらず既有知識にうまくヒットしなかった子どもである（図5-①）。

既有知識との関連から「なんとなく……」としか答えざるをえない子どもはいる。

ここには、様々な原因が考えられる。

第一に、実際、その問題にかかわる既有知識が欠落していることが考えられる。

既有知識が欠落しているのであれば、それを補充してあげなければならないであろう。多くの子どもの知識が欠落している場合は、問いを発した後に、学習者全体に向けて知識を補充するための情報の提供が必要となる。例えば、『故郷』（魯迅）であれば、魯迅の生まれ育った当時の中国の様子を少し補足してあげるだけでも、その読み取りは違ってくる。また、知識の補充が必要なのが一部の学習者であれば、個別支援の時に補足してあげれば良い。

第二に考えられるのは、既有知識が雑然としすぎていて知識が整理されていないか、他の知識が邪魔をしていて、ポイントとなる既有知識にヒットしない場合である。

遙かな記憶となり既有知識が他の知識の中で埋もれてしまっている可能性もある。この俳句を例にすれば、「海水浴に行ったことを思い出してごらん。風はどっちから吹いていたかな?」といった、既有知識を思い出すための補助的な指示を出す必要もある。

第三には、子どもが既有知識にヒットさせる術をもっていない場合である。

この場合は、既有知識へのアクセスを促すために仮言命題「もし……なら、……」の文型を与えて、既有知識を呼び覚ますことを教えると良い。[*15] 小学校低学年であっても、この「もし……なら、……」の文型を与えることで、解釈と〈理由〉を繋げることができる。小学校ではあらかじめ文型を提示して、既有知識にアクセスすることを習慣にさせ、中学校後半から文型を与えずとも〈理由〉を答えることができるようにしていくことが段階的指導としては有効であろう。

いずれの場合も、教師の指導や支援の仕方によって、少なくとも既有知識にはアクセスできるようになる。

◎既有知識にアクセスして像を描いているのだが、それを表現できない子ども

次に考えられるのは、「なんとなく脳裏に像を結んでいるのだが、それを言語化できない」といった子どもである。この場合にも、先の仮言命題「もし……なら、……」の文型は武器となる。文型を与えることで思考が活性化するのである。こういった学習者が多い場合は、発達段階に拠らずとも「「もし……なら、……」の文型で答えなさい」という明確な指示を出すと良い。

「なんとなく」と答える子どもに対しては、このような複数の対処が想定されるが、いずれの場合においても、話合いを組織すると、「なんとなく」と答えるS1に対しては、次のような声が挙がる。

「なぜ、そう考えたの?」「〈理由〉を説明してください」「どの言葉を〈根拠〉にしたの?」

話合いをすることで、〈理由〉や〈根拠〉を説明しなければ自分の解釈が相手に伝わらないということが理解されていく。

3 【S2「(燕は海を越えてくるが)雀が海を越えて飛ぶということは有り得ない。」の分析】

◎情報の一部と、自身の既有知識のごく一部とを短絡的に結び付けて推論する子ども

この解釈は、S1とは違って、自身の既有知識にアクセスしている。

燕が海を渡ってくるという既有知識にアクセスし、同時に、雀が渡り鳥でないという知識にアクセスした上で、雀が海を渡るわけがない、そんなことは有り得ないと推論している(**図5-②**)。

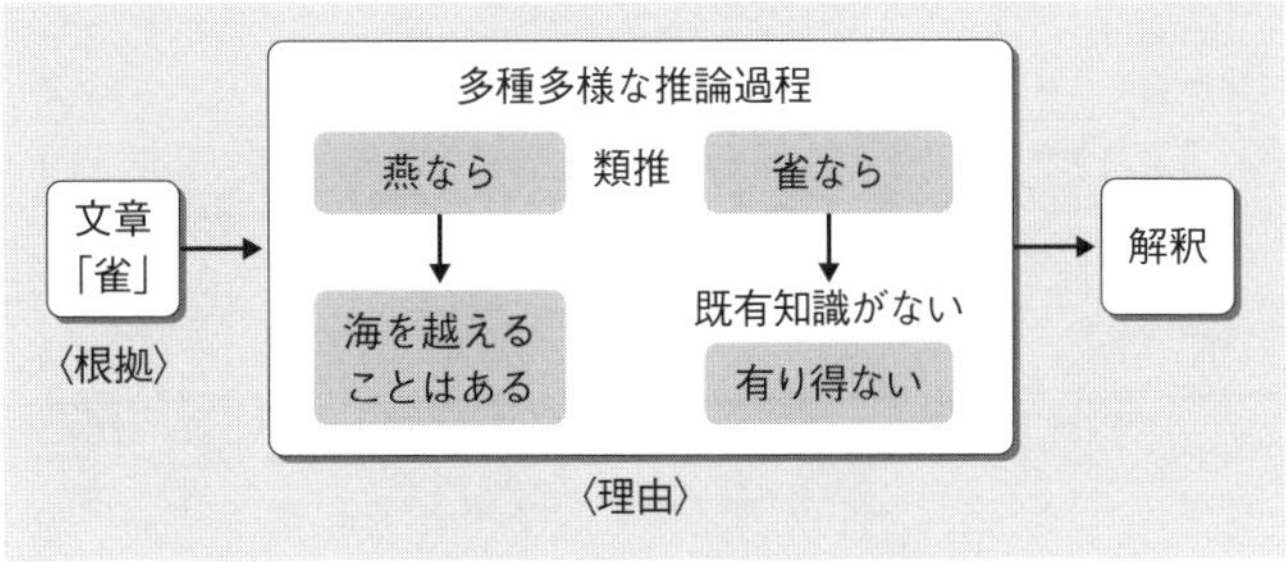

図5-②●誤読「短絡的な推論」

確かに、既有知識に基づき推論する態度は望ましい。類似した既有知識を想起して、そこから解釈を類推するという思考方略は、奨励できる。

しかしながら、渡り鳥でない雀であっても海を越えることは有り得る。太平洋のような大海原を越えることはないとしても、瀬戸内海のような海であれば十分に飛ぶことは可能である。石田波郷の故郷は松山市である。*16 松山市の近郊の海岸からは、瀬戸内海の伊予灘に浮かぶ島々が目に入り、その距離を雀が飛ぶことは不可能ではない。

波郷の故郷が松山であるという知識が不足していれば、海という言葉から太平洋を想起して推論するのもやむを得ない。しかし、自分がアクセスした既有知識以外にも他の可能性が有り得ることを疑う必要はある。そして、自分の既有知識以外の可能性も考慮した上で、足らない知識を補い、最も蓋然性の高い解釈を導くことこそが、〈読みの力〉の高さと言える。

同様に、雀のような小鳥が逆風に負けずに飛んでいけるわけがないという解釈を述べる子どももいる。これも、蝶のような昆虫でさえも海を渡ることがあるという知識が不足していることで発せられる解釈である。

既有知識に基づき推論することは解釈する態度として望ましいものの、それ以外の可能性をたやすく排除するのは思慮深いとは言えない。自分がアクセスした既有知識以外にも他の可能性があることを疑う必要があるのである。

つまり、「雀が海を渡ることがないと言えるだろうか」という問いを立てる態度が必要なのである。

鶴田氏は、こういった読みの問題に触れ、「自分の限定的な〈前理解〉と安易に結び付けようとすることによって読みの可能性を制約する危険性がある」[17]ことを指摘している。鶴田氏はこれを「読みの〈短絡化現象〉」と呼んでいるが、読みの短絡化現象は、国語教室でよく見受けられる子どもの読みの姿の一つである。

4【S3「前に海に行った時、風が陸から海に向けて吹いていた。」の分析】

◎既有知識に誤りがある子ども

これは、明らかに誤った既有知識をもっている子どもの例である。

風は通常、温度の低いほうから高いほうに吹く。昼間は海よりも陸のほうが気温が高いため、海から陸に向けて風が吹く。これは通常、海風と言われている。

この発言をした子どもは、どこかで間違った記憶が脳裏に定着してしまったのであろう。そして、この子どもは、自分の誤った記憶にアクセスしてしまったのであろう（**図5－③**）。

鶴田氏は、こういった読みは「テクスト外情報としての〈持参された前理解〉を偏重・絶対化して、それに依存するために生じる」と分析した上で、「絶えず読者自身の〈地平〉（先入見）を〈否定・更新〉させていくことが必要である」[18]と指摘している。

既有知識に歪みがあり、その歪んだ既有知識にアクセスしてしまう子どもは、国語教室に相当数存在する。

「前に陸から海に向けて風が吹いていた」という発言は、通常、「思い違い」「勘違い」「思い込み」と言われる読みである。

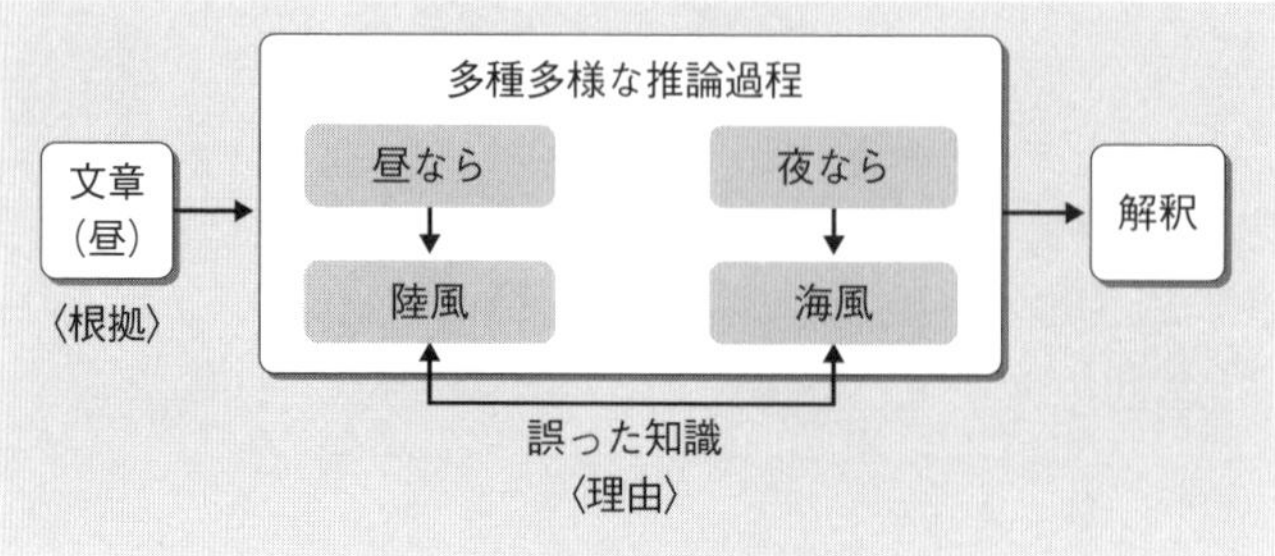

図5-③●誤読「思い込み読み」

このような子どもには授業において、自身の既有知識の信憑性を確認させ、歪曲された既有知識を正常な知識に修正する必要がある。鶴田氏の言を借りれば、「読者自身の先入見を否定・更新させていく必要」があるのである。

養老孟司氏は、『記憶が嘘をつく』において、「(人間の脳は、記憶を)意図的に改竄しているんじゃなくて、ひとりでに変形しちゃうんですよ」[*19]と述べている。私も、日々の生活の中で、「あれ、記憶が混線しているな」と自覚することがある。「自分の記憶は間違っているかもしれない」「記憶は勝手に変形するものだ」と理解した上で、推論過程を見直すことができるかどうかは、とても大切である。

自分の読みを「仮説に過ぎない」と捉えることで、自身の読みの信憑性を自らの手で振り返ることのできることが望ましい。

ところで、「その本を読むために最低限必要な知識」のことを有元秀文氏はバックグランド・ナリッジ(Background Knowledge)と呼び、「恋愛体験がないと人魚姫の気持ちは想像できない」[*20]と述べている。確かに、バックグランド・ナリッジを補わないことで、登場人物の心情が理解できなかったり、ストーリー展開についていけなかったりすることは有り得る。有元氏の言うように、最低限必要な知識というものは存在しよう。

しかしながら、バックグランド・ナリッジがない場合、常に誰かが足らない情報を補ってあげなければならないというわけではない。補ったほうが良い時と、補わずに読み手自身にその既有知識を補って考えさせるべき時がある。というのも、最終的には自力読みのできる子どもを育てることが国語科教育の目的であるからである。また、日頃の生活場面における読書では、それは他者から補ってもらうものではなく、自分のもっている既有知識を基に類推したり足りない知識を補充したりして考えるべき事柄であるからである。

この句の「風向き」に対する科学的な理解は、私はあらかじめ補うべきバックグランド・ナリッジであるとは考えない。自身が海水浴に行った時や、いつかどこかで海辺に立った時の遙かな記憶を辿ることは〈読み〉における大切なプロセスである。海辺の高速道路を走った時の吹流しがどちらを向いて泳いでいたかを想起したり、海辺でロケされているドラマや映画のワンシーンを思い浮かべたりするのも、大切なプロセスである。そして、そういった遙かな記憶を手繰り寄せたり、弱者が大海に挑むほうが絵になる構図であると文学的に判断したりする思考を促すことこそが、生きた〈読み〉の態度として大切である。

「思い違い」や「思い込み」「勘違い」ということはよくあることである。大切なのは、「思い違い」や「思い込み」をゼロにするということではない。「思い違い」や「思い込み」は有り得ることであると認識した上で、常に自身の考えの信憑性を確認しようとする態度を養うことである。既有知識にアクセスし、その補充と修正を図ろうとする態度を養うことである。

問題解決場面に直面した時に私たちは、自身の既有知識の歪みに気付き、自身の手でその修正を図る力こそを育てる必要があるのである。

5 【S4「雀らが海をかけてきたように、吹流しも飛べ。」の分析】

◎情報の入力を誤った子ども

子どもたちに解釈を求めると、どこをどう読むとそのように読めるのかという解釈が挙がることがある。これは、その一例である。

自分の予期していない解釈が子どもから発せられると教師は戸惑う。そして、「ほぉ〜」と保留した合いの手を入れたり、「面白い解釈だねぇ」と半ば肯定的に受け流したりする。

しかし、これは間違った教授行為である。この解釈は、明らかに論理的ではない。それを容認することは奨励できない。

もし、上記の解釈であるなら、「雀らは海かけて飛びけり飛べ吹流しも」といった表現にならないといけない。助詞の「も」は雀を主格として示されている。したがって、「飛ぶ」主体はあくまでも「雀」である。吹流しに対して飛べと呼びかけているようには読めないのである。

この解釈は、**図5-④**のように情報の入力を誤っているのである。いわゆる情報の入力ミスである。国語の教室では、通常、「読み誤り」「読み間違い」と言われる。こういった子どもに対しては、はっきりとその読み誤りを自覚させなければならない。

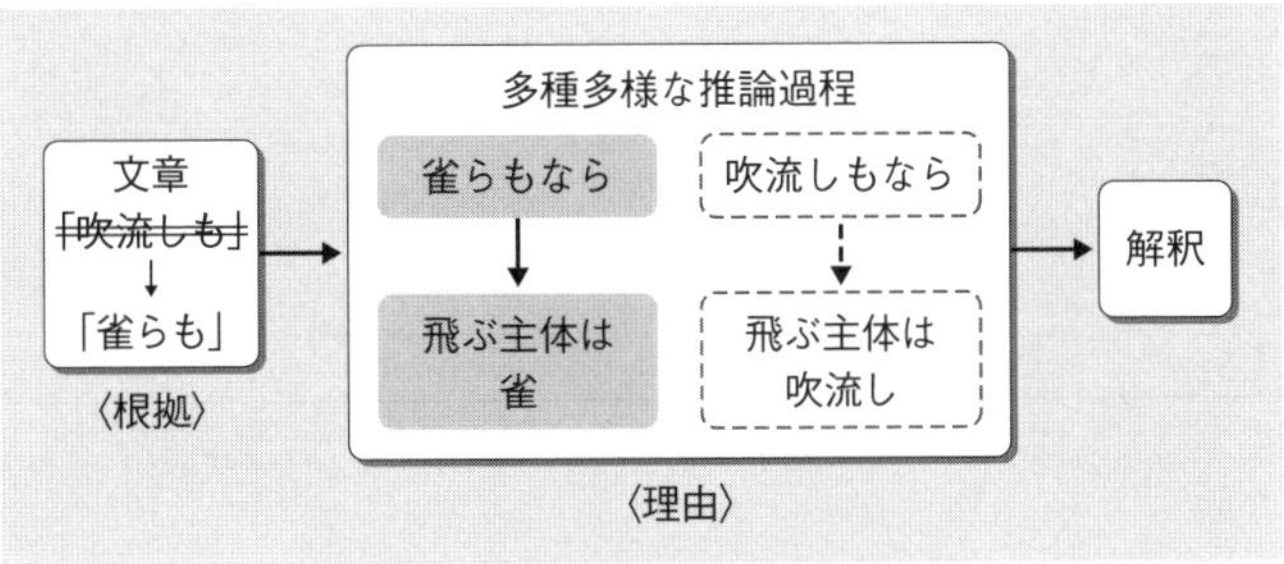

図5-④●誤読「読み間違い」

6 〈読みの力〉を高める話合いの組織
―〈根拠〉と〈理由〉を繋げて発言するから〈読みの力〉が高まる―

さて、誤読をそのまま放置しておいて良いのだろうか。

「思い込み」や「読み誤り」を放置していては、いっこうに〈読みの力〉は向上しない。ここには、指導も教育もない。「子ども個々の主体的な読み」という心地良い放任が存在するだけである。

国語の授業においては、「既有知識にアクセスしない子ども、アクセスしても既有知識にヒットしない子ども」や、「歪んだ既有知識にアクセスしている子ども（思い込み読みをする子ども）」、「入力ミスをしている子ども（読み誤りをする子ども）」に対して何らかの支援をする必要がある。それが〈読み〉の教育を行うことの道義である。

では、どういった支援が考えられるであろうか。

解釈は仮説的推論であるから、誤読は学習者に限らず、誰しもが犯す。教師も犯すだろうし、誤読をしたことがないと言える人は世の中にほとんどいないはずである。だから、爽やかに誤読を認める教室の空気をつくることが大切である。それには、話合いの過程で、教師自らが「私の解釈より、素晴らしい解釈だ」と子どもの発言を取り上げる場面があると良い。

なお、話合いにおいて、それぞれの〈根拠〉や〈理由〉を比較し、最善の解釈を選択できる力を身に付けられると良い。

筆者は、間違った問題解決を選択してしまう危険性の多寡は、他者の意見に耳を傾けることができる心の柔軟性に左右されると考えている。解釈する授業においてはそれぞれの解釈の不確かさをメタ認知するという意味で、話合いという学習活動が有効になる。

誤読をしている子どもは、話合いをすると、次のように自身の推論過程を振り返ることになる。

- 情報の入力ミスをしていないか。
- 他の情報を入力したほうが良いのではないか。
- 誤った既有知識にアクセスしていないか。
- 他の既有知識にアクセスすべきではないか。
- 欠如している知識を補充すべきではないか。
- 既有知識を基にして行った類推は妥当か。
- 自分は、最初に仮説した解釈に縛られていないか。

誤解のないように述べておくが、話合いをすることですべての子どもが各自の解釈の修正を図ることができると述べているわけではない。話合いだけでは納得できず、頑なに自分の考えを曲げない子どももいる。また、話合いをすれば、上記のような誤読がなくなるというわけでもない。自身の推論過程を見直すメタ思考が定着するまでは時間がかかる。

だからこそ、話合いを取り入れた授業を積み重ねていく必要があると言える。

そして、子ども同士が推論過程の妥当性を話し合うことで入力情報を確認し合ったり、互いの既有知識の不足を補い合ったりして、より深い解釈に練り上げていくのが理想である。教師が介入せずに、子ども同士でそれを導いていけるとすると、それは理想的な学び合いの姿である。

しかし、そういった理想的な学び合いが国語教室で行われているかどうかは疑わしい。

百歩譲り子どもに解釈の発表を求めていたとしても、それぞれの解釈を見直し合うような話合いが組織されている授業は多くない。

誤読への対応を確認したことで、次のことが明らかになった。

〈根拠〉と〈理由〉を明確にした話合いをするからこそ、入力情報の確かさを確認したり、既有知識の確かさを確認したりして、自身の推論過程を振り返ったり、推論過程における過ちを修正したりできるのである。

話合いと〈読みの力〉の向上については因果関係が存在する。

選択式の発問をすると、たくさんの〈根拠〉とたくさんの〈理由〉が挙がる。

教師は、その発言を次のように思考しながら聞く。

「あ、Aさんは〈根拠〉を本文から引用していないぞ」

「Bさんは、既有知識にアクセスしていない」
「CさんとDさんは、同じ〈根拠〉に着目しているが、アクセスした既有知識が異なるために、正反対の解釈に導かれている」

話合いでの子どもの発言に対して、〈根拠〉は赤いチョークで記し、「〈理由〉（既有知識へのアクセス）」は黄色いチョークで記す、といった板書のルールを決め、それを子どもとともに共有する。

そのように板書で「話合い」を「見える化」することで、互いの解釈の差異が明確になる。

そして、その差異を検討していくことで、「最も論証力が高いのは、〈根拠〉と〈理由〉の理路が整然としていて最もしっくりしている解釈である」ということに、子どもも気付いていく。

このように選択式の発問を行い、〈根拠〉と〈理由〉を明らかにした話合いを組織することで、〈読みの力〉は高まっていくのである。

4 科学の世界における仮説

1 従来の〈読み〉の授業

文章を読んで解釈するという営みは、推論をしているのであり、その推論は仮説である。自分の解釈よりも、より蓋然性の高い解釈に出会った時は、そちらに乗り換えるべき一時的な据え置きに過ぎない。しかるに、国語の授業では、互いの解釈を交流し合っても、自分の解釈を更新させることを奨励していない。

「あなたはそう考えたんだね」「あなたのような読みもできるね」「なかなか個性的な解釈だね」等々、解釈の交流では、誤読でない限り、それぞれの解釈は許容される。

もちろん許容範囲の広い解釈が自由に述べられることが必要な学習場面はある。しかし、解釈は仮説的推論なのであるから、互いの解釈を交流し合う時には、自分の解釈に固執せず、他者の解釈を受け入れる柔軟性は会得させておいたほうが良い。「解釈は一時的据え置きに過ぎない」という自覚は、〈読みの力〉を高める前提である。自分の解釈を更新し続ける過程は、〈読みの力〉を高める過程と連動する。

本節では、これまで国語科教育の領域では扱われてこなかった科学の領域における仮説をめぐる論考を取り上げ、「解釈は推論であり、一時的な据え置きに過ぎない。〈読み〉の交流場面では、積極的に自分の解釈を更新させることを奨励すべきである」という提案を補説する。これが、本節の目的である。

2 科学の領域における仮説的推論の扱われ方

国際天文学連合（IAU）が、冥王星を惑星から準惑星に降格させたのは二〇〇六年夏のことであった。実に発見されてから七六年の時を経た降格である。これは衝撃的な出来事として世界を駆け巡った。「冥王星が惑星であるということは定説ではなかったのか、事実ではなかったのか、そんな修正が科学の世界で認められて良いのか」……そういった疑問を抱いた人も多かったであろう。しかしながら、冷静に考えれば、科学の領域では、この種の出来事が特例でないことに気付く。例えば、天動説が地動説に取ってかわられたように、また、創造論が進化論で覆されたように、新しい事実が判明したら、それまでの定説は棄却される。したがって、科学の世界では、定説というもの自体が存在せず、そのほとんどは仮説に過ぎないと考えられている。私たちが疑いのない事実と信じていることの多くは仮説なのである。

科学哲学を専門とする戸田山和久氏は、「科学者が扱っているのはすべて理論であって、そのなかにより良い理論と、あまり良くない理論がある。科学の目的は、理論をほんの少しでもより良いものにしていくこと」[*21]であると述べている。ここでは、理論という用語が使われているが、これは仮説という用語に置き換えても差し支えない。「我々の信じていることのほとんどは、黒い仮説と白い仮説のグレーゾーンに位置している」という言説は、昨今、サイエンスライターと言われる評論家によって流伝され、一般化されつつある。

科学の世界でさえ、定説は存在せず、そのほとんどは仮説なのである。そうであるとすれば、日々、我々が実生活の中で行っている推論は絶対的に正しいわけではなく、良い仮説とそうでない仮説の間に位置していると言える。

では、そういった仮説に対して科学者は、どういった態度で臨んでいるのか、もう少し詳しく見てみよう。「科学はより良い理論を探しているわけです。大事なのは、良い理論かどうかは、比較の問題、程度の問題であるということです。Aの理論よりは、Bの理論のほうがちょっと良い。ちょっとマシだ。でも次のCの理論は、もっと良い。というふうにして科学は進んでいきます。だから、いつまでたっても仮説であり、事実に到達したかどうかは分からなくとも、真実に到達したかどうかは分からなくとも、進歩していると言えるんです」[*22]。比較の問題で科学が進歩するという戸田山氏の言説は、国語の〈読み〉に対して大きな示唆を与えてくれる。

3 国語科における「解釈（仮説的推論）」の扱われ方

記号として表出された現象を読み解く営みは、〈解釈のアブダクション・モデル〉に示すとおり、各自の既有知識にアクセスし、推論として出力される。そして、テキストを読むという営みは、文字記号を入力し、既有知識にアクセスして意味付けされて出力される推論である。

例えば、「ごんぎつね」（新美南吉）の授業にて、「あなたは、兵十に撃たれたごんをどう思いますか」と尋ねたとしよう。その解釈は、本文を〈根拠〉とし、各自の既有知識にアクセスした〈理由〉を基に、以下のように推論される。

「〈根拠〉本文に、「ひとりぼっちの小ぎつね」とあります。〈理由〉もし、家族と幸せに暮らしていたら、ごんはこんな悪戯をしなかったと思います。ごんは、兵十と友だちになりたかったから悪戯したのです。〈解釈〉だから撃たれてかわいそうです。」

「〈根拠〉本文に「のへ火をつけたり」とあります。〈理由〉野に火をつけるというのは、いわば放火です。放火は重罪です。〈解釈〉こんな悪戯をしていたのだから、その報復を受けても仕方ないと思います。」

「〈根拠〉本文に、「山でくりをどっさり拾って、それをかかえて」とあります。〈理由〉私はくりのイガに触ったことがありますが、とても痛くて、どっさり持てません。また、イガを足で割いたことがありますが、とても大変な作業でした。ここには、必死に償おうとするごんの気持ちが見えます。〈解釈〉必死に償おうとしたごんが、兵十に撃たれたのは、とてもかわいそうです。[*23]」

これらの推論過程は、授業では同列に扱われ、その優劣が問題となることはない。科学の領域でいう「Aの解釈よりはBの解釈のほうがちょっと良い。ちょっとマシだ。」といったことを話題にすることはない。したがって、「比較の末に科学が進歩する」といった様相は国語の授業では見られない。国語における解釈は、個人内で完結され、更新される姿は顕在化しない。国語の授業では、個人の解釈はテキストから大きな逸脱をしていない限り、いずれも尊重されるのである。

こういった解釈の許容範囲の幅広さは、果たして良いことなのであろうか。国語の解釈をめぐる授業では、子どもの解釈はあまりにも寛容に扱われてはいないであろうか。

子どもの〈読み〉は容認され、尊重されるべきであるという主張は、確かに間違いではない。

例えば、子どもたちに自己肯定感や自尊感情を育むためにも、各自の〈読み〉が尊重されるべきであるという論理は、教育的配慮があり美しい。また、〈読み〉は各自の経験に規定されるものであるから、その文脈において他者から否定されるべきではないという論理も成り立とう。殊に読書に焦点付けると、その〈読み〉は極めて個人的な営みであるので、相対的な論理を持ち込むべきではないとも言えよう。加えて、実生活における読書という営みは、通常初読がすべてであるから、テキストを再読して他者と解釈を検討し合うといった活動は実生活の上では不自然であるという教育観もあって当然である。したがって、読むという営みを仮説的推論と捉える必要はないという教育的立場があることを筆者は十分に承知している。

しかし、それと同時に、筆者は次の問題意識をもっている。

学校は、子どもに力を培う場である。国語の〈読み〉の授業であれば、例えば〈読みの力〉を培うことが授業を行う目的の一つである。

解釈が推論であれば、テキストを読んだ時に、できうる限り、的確にテキスト内根拠を入力し、適切な既有知識にアクセスして蓋然性の高い推論ができたほうが良い。

したがって、的確にテキスト内根拠を入力する力を育てる必要があるのである。既有知識から、適切な知識にアクセスする必要があるのである。

この提案をする理由を二つに整理してみよう。

1　日々の生活の中で、私たちは多くの問題場面に出遭っている。その時、できるだけ多くの情報を収集し、できるだけ適切な既有知識にアクセスして、できるだけ間違いのない推論をすることに迫られている。

その私たちにとって、「テキストから情報を入力する時においても、蓋然性の高い推論ができる力を高めておく必要がある」と考えるからである。「文字情報を入力する時にかぎって、どういった〈読み〉も（どういった推論も）許容される」という特別視は、様々な推論に迫られた生活をしている私たちにとって、必ずしも得策ではないと考えるからである。

テキストを解釈するという営みを文芸の世界にかぎった特異な枠組みの中に閉じ込めておくのではなく、実生活で一般的に行っている推論と同じ推論過程を経た思考を行っていると考え、推論する力を高めたほうが有益である。

これが、解釈の更新を推奨する第一の理由である。

2　日々の国語の授業で、「その解釈もありだね」「この解釈もありだね」といった〈読み〉の授業をしていると、「結局、どう読めばいいの？」といった子どもの戸惑いが表出されることがある。「学力は高いのであるが国語の授業は嫌いだ」という子どもの多くは、こういったことを口にする。教壇に立つ中学校の国語教師の多くは、そういった子どもの不信感を日々感じ取っている。「どう読んでも良い」ではなく、「このように読んだほうが、読みの蓋然性は高まるよ」ということを子どもたちに提示できれば、多少ではあっても、国語嫌いの子どもたちを減少させることができる。
これが第二の理由である。


筆者の授業では、多くの〈根拠〉と〈理由〉が挙がる発問に基づいた話合いを組織する。そして、他者の素晴らしい解釈に出会った時には、その解釈を賞賛し、自分の解釈を更新することを奨励する。

経験的に述べて、自分の解釈と他者の解釈を比較した時に、自分の拙さを素直に認め、他者の推論の良さを認めることのできる子どもは、たくましい。なぜなら、そのような子どもは、実生活における様々な問題場面に出遭った時に、固陋な隘路に迷いこむことなく、常に他者の推論に耳を傾け、蓋然性の高い推論を行って問題を解決することができるからである。

冥王星が惑星から降格したように、科学の領域でさえ、法則や理論の多くは仮説に過ぎないのである。ましてや、テキストの〈読み〉などは仮説そのものである。多くの仲間と交流する際に、「他者の解釈と比較して自分の解釈が最も妥当であるということは希有なことである」と気付いていたほうが良いのである。

4 解釈（仮説的推論）の善し悪しの基準

ところで、筆者は、互いの解釈を批判し合ったり否定し合ったりする授業を提案しているわけではない。子どもは、自分の解釈に対して他者から反論や批判を受けると、それに反発したり、意固地になってさらに自分の解釈に固執したりする。したがって、互いの意見を否定し合う話合いが良いと述べているわけではない。

筆者は、互いに「私は、こう考えます」と述べ合うことで、自己の解釈を更新する話合いを組織することを奨励している。

しかし、ここで問題がある。子どもは他者の解釈と自分の解釈を比較した時に、蓋然性の高い解釈がどれであるかを判断できうるかという問題である。これは、解釈の妥当性や蓋然性を決める基準はあるのか、という問題でもある。

ここでも、科学の領域での仮説の比較を援用してみよう。

「考えてみなければならないのは、より良い仮説やより良い理論は何か、という問題です。……（引用者中略）……では、仮説Aと仮説Bがあった時に、どちらがより良い仮説かを判断するには、どうすればいいのでしょうか。なにか適切な基準があるのでしょうか……（引用者中略）……

①　より多くの新奇な予言を出してそれを当てることができる。
②　アドホック（その場しのぎ）の仮定や正体不明・原因不明の要素をなるべく含まない。
③　既に分かっているより多くのことがらを、できるだけたくさん、できるだけ同じ仕方で説明してくれる。*24」

これを解釈の仮説の基準に当てはめて考えてみよう。

『平家物語』の「那須与一の弓流し」を例とする。「黒革をどしの武者を撃てと命じられた与一は、嫌々それを引き受けたのか、そうでなかったか」を解釈したとしよう。

すると、子どもからは、次のような解釈が挙がる。

「〈根拠〉本文に「感に堪へざるにや」とある。〈理由〉黒革をどしの武者は、与一を賞賛しているのだ。もし、その相手を喜んで射たとすれば、与一は冷酷な男だ。〈解釈〉断ることができず、嫌々引き受けたにちがいない」

「〈根拠〉本文に「しや頸の骨をひやうふつと射て」とある。〈理由〉もし、嫌々引き受けたのなら、外したり足を狙うこともできた。〈解釈〉明らかに殺意があったのだ。」……こういった多くの疑問や矛盾を包摂してくれる解釈を想定することはできないものであろうか。

この時、「貴族としての遊びごころを捨てきれない平家と違い、源氏は武士として、この場に臨んでいた。扇を出したことも舞を舞ったことも、貴族の性格を捨てきれない平家の哀しい美しさが滲む。一方、源氏は、命を賭してここにいる。その違いが、この場面に象徴的に描写されている」という解釈が挙がったとする。

この「遊びごころを捨てきれない平家と、武士としての源氏」という解釈は、先の①②③を包摂する。つまり、このように考えることで、不明であった与一の心情に理解を示すことができる。また、『平家物語』の「敦盛の最後」をはじめ、この解釈を当てることで物語全編を読み解くことが可能となるのである。

5 解釈（仮説的推論）する力を高める方法論

では、子どもにどういった指示を出して授業を組織したら良いのであろうか。

本論文では、確証バイアスの問題と、帰納的論証の強度の問題の二点から、その方法論を述べたい。

一般的に、推論を行う場合、「帰納的論証の強度（確信度）は、事例数に比例する」[*25]と言われている。平たく述べると、〈根拠〉を示す事例数が多ければ多いほど、その論証力が強まるということである。したがって、〈読み〉においても、できうる限り多くの〈根拠〉を本文から引用できたほうが良い。

また、人間はもともと、自分の都合の良い意見には耳を傾け、自分の都合の良い〈根拠〉ばかりを探し、それ以外の他の可能性を排除してしまう傾向をもっている。いわゆる確証バイアス[*26]によって、早々と自分の仮説を正しいと思い込み、仮説を反証する事例を無視しようとする性癖をもっている。

したがって、子どもたちに、自分の解釈を述べさせる時には次の条件を提示すると良い。

「解釈の結論を急がない」

「いずれの解釈の可能性も留保し、いずれの解釈においても、できるかぎり多くの〈根拠〉をテキストから抜き出す。また、できるかぎり多くの既有知識を賦活する」

「いずれの解釈の否定的見解も考える」

「それら多くの解釈を並べた上で、最も蓋然性の高い解釈を選択する」

授業では、課題を提示する時に「三つ以上の〈根拠〉と〈理由〉をセットで答えなさい」といった指示を出さないと、一つだけ書いてそれ以上の追究を停止してしまう子どもが多い。まずは、多くの〈根拠〉を挙げさせることである。次に、確証バイアスに陥らないためにも自分の解釈をできるだけ仮説として留保させておき、決定を先延ばしにしておくことである。その上で、敢えて相反する仮説の可能性をも吟味させると良い。そういった過程を経た後に、他者の発言した〈根拠〉と〈理由〉を同じ土俵に上げて、最も蓋然性の高い推論を選択させるのである。

6 本節のまとめ

本節では、科学の領域における仮説的推論の扱われ方を国語科教育の解釈の過程に援用して述べた。

しかしながら、次の指摘も有り得よう。「そもそも科学と国語は学問としての成り立ち方が違う。学問が明らかにしようとする目的が違う。したがって、科学の話を国語の世界に援用することは、その前提からして誤りである」――いわゆる「そもそも論」としての前提崩しである。

しかし、一見全く違う分野から一つの知見を照射することで、これまで不鮮明であった仕組みが明瞭となるということはよくあることである。例えば、太陽と惑星の動きという「宇宙の分野」の話を、原子核と電子に見立てた「惑星モデルの原子模型」など、科学的発展の多くのは、一見無関係に見えるものからのアナロジーが活用されている。このような領域のフレームの垣根を取り払うことで、イノベーションが発揮されるということは、最近特に注目されていることでもある。

そういった意味で、科学の領域の仮説的思考を国語科教育の解釈の過程に援用した論理についても、前提の相違として一蹴せずに、その論理の正邪を判断していただきたい。科学の領域で扱われる仮説的推論を国語科教育の世界で捉え直すことが、これまで曖昧かつ不鮮明であった国語科教育の諸問題の解決への糸口を示し得ると筆者は考えている。

折しも、ＰＩＳＡ型読解力において「根拠を明示して解釈する力が日本の学生は弱い」ということが指摘されて数年経つ。[*27] 解釈は仮説なのであるから、〈根拠〉の妥当性の検討は授業の必然であり、その〈根拠〉を蔑ろにしてきた今までの国語科教育の在り方は批正されねばなるまい。

解釈するという営みは推論であり、仮説に過ぎない。したがって〈読み〉の授業では、多くの〈根拠〉と多くの〈理由〉を列挙して、それらを比較してみると良い。そうすることで、〈読み〉の授業の風景は今まで以上に見晴らしの良いものになるであろう。

5 語用論としての選択式の発問

「あなただったら、この結末を良いと考えますか。良いとは考えませんか。」

「あなたが主人公なら、Aと行動しましたか、Bと行動しましたか。」

といった発問が、今、ブームである。

ＰＩＳＡ型読解力の熟考・評価に当たる発問である。

例えば、芥川龍之介の「トロッコ」という作品がある。この作品は、八歳の良平が二六歳になって終わっている。「この二六歳の場面は、あったほうが良いですか、ないほうが良いですか」という発問がそれに当たる。

この問いは、平成一九年全国学力調査問題の中学校Ｂ問題でも出題された。[*28] 芥川龍之介「蜘蛛の糸」にて、「最後の場面があったほうが良いか、なかったほうが良いか」を尋ねる課題がそれである。これらの発問も、大きな範疇で述べれば、選択式の発問の一つである。

しかし、本著で述べているのは、作品の熟考評価を促す選択式の発問ではない。あくまでも解釈を促す発問である。

これを図示すると左記のようになる。筆者が本著で取り上げるのは、**図6**の〈解釈のアブダクション・モデル〉の解釈の部分を選択の形式で問う発問である。

「この結末を良いと考えますか、良いとは考えませんか」は、**図7**のように、情報の入力部の本文を対象として評価し、場合によっては、その表記の変更を促すものである。

確かに、〈読み〉という行為は、一方向（情報の入力→推論→解釈という一方向）のみに進むのではなく、推論過程を経ることにより、情報の確からしさを確認したり、情報の不備を指摘したりするという行為へと発展することがある。これは語用論としての〈読み〉である。

「自分が記号の使い手であれば、記号をこのようには用いなかった（このような文章にはしなかった）。違う記号で説明した（違う表現にした）。」という〈読み〉は、語用論に基づいている。

一方、**図6**の〈解釈のアブダクション・モデル〉は、厳然とした事実が目の前に存在し、その事実が導かれた因果関係をあれこれと推論し、その推論の中で最も蓋然性の高いものを選択するという仮説的推論を指す。

〈解釈のアブダクション・モデル〉であると、厳然とした事実それ自体を疑うことや、それ自体の修正を図ろうとする行為に

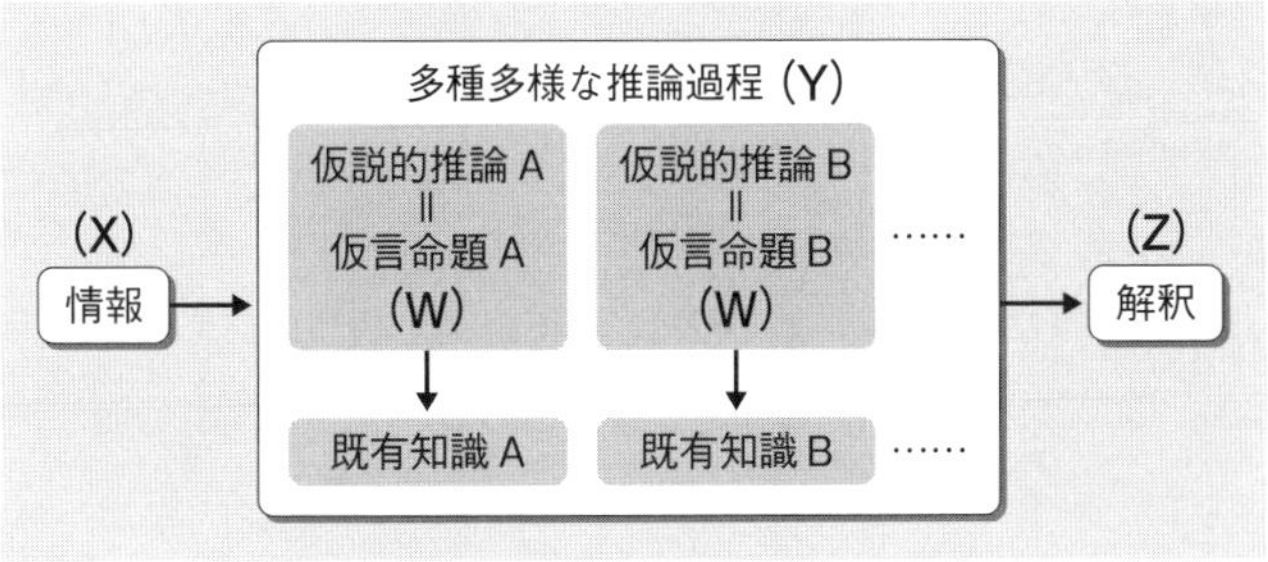

図6●解釈のアブダクション・モデル

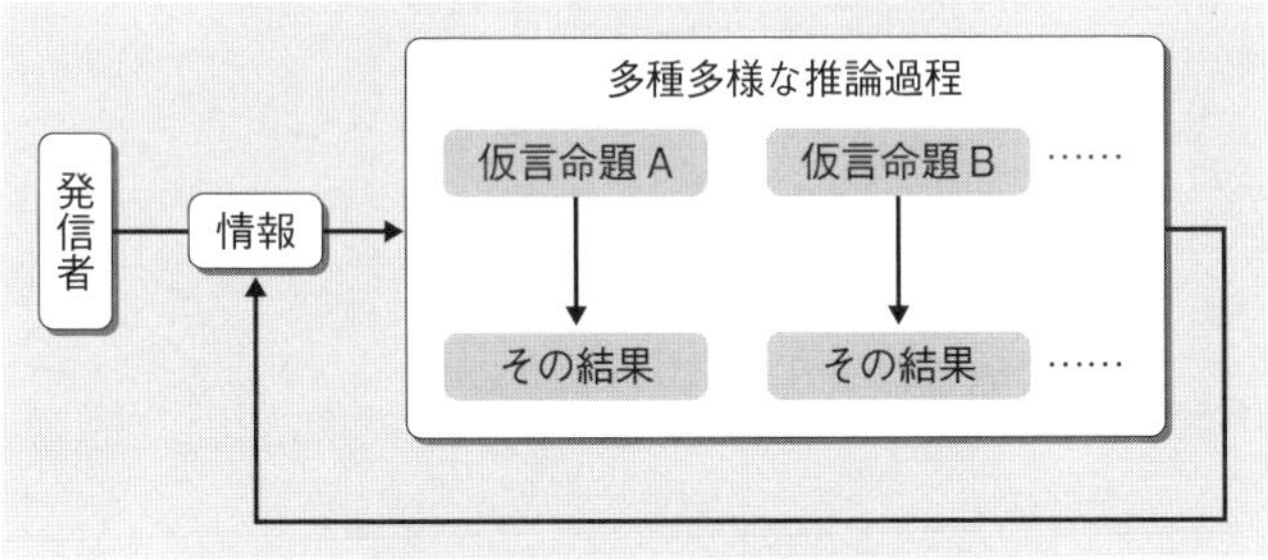

図7●語用論による熟考・評価

は及ばない。入力する情報それ自体を修正しようとは考えない。

一方、説明的文章では、**図7**のように、情報の是非を疑ったり、記号の使い手の記号の使い方、つまり書きぶりを批判したりすることは多い。もちろん文学的文章でもそのような〈読み〉をしても良いし、したほうが良い場合もある。実際、小説を読んだ後、「自分が作家なら、こんな結末にしなかったのになぁ」と思う場合がある。現実的には、語用論に基づいた〈読み〉をしているとも言える。

そういった意味で、ＰＩＳＡ型読解力では、現実的な読書に近い形で作品を熟考・評価する問いが設けられ、**図7**の「情報それ自体の真偽を確かめる」ことや、「文章の善し悪しを語用論の立場から評価する」問題が出題されている。

本著では、語用論に基づく熟考・評価の問いは、その対象の外においた。

そして、**図6**の〈解釈のアブダクション・モデル〉における「文学的文章において〈作品の魅力や価値〉に気付く」ための発問に絞って論述した。

語用論に基づく発問を用いた実践や、その実践に基づく見解については、機会を改めて発信したい。ここでは、二つの発問の差異を確認しておくにとどめる。

◉注

＊1　この〈解釈のアブダクション・モデル〉は、以下の論文で提示したモデルを若干修正している。
佐藤佐敏　二〇一〇「解釈におけるアブダクションの働き―C. S. Peirce の認識論に基づく『読みの授業論』の構築―」全国大学国語教育学会編『国語科教育』第六十七集　二七―三四頁

＊2　ディベートで扱う三角ロジックでは、「理由付け」と呼ばれるが、ここでは〈理由〉と呼ぶこととする。

＊3　佐藤佐敏　二〇〇八「ＰＩＳＡショックにどう対応するか」『現代教育科学』№６２２　明治図書　二六―二八頁

＊4　松野孝雄　二〇〇九「「話し合いの場」の五つのパターン」『国語教育』№７１０　明治図書　四八―五一頁

＊5　野口芳宏　一九九〇『授業研究の新しい方法』明治図書　一五〇―一五三頁

＊6　野口芳宏　一九九〇『向上的変容を促す授業の技術』明治図書　一二九―一三〇頁

＊7　S.E. Toulmin　一九六四　The Uses of Argument Cambridge at The University Press　一〇四頁

＊8　井上尚美　一九八九『言語論理教育入門―国語科における思考』明治図書　八六―一一九頁

＊9　鶴田清司　二〇〇九「論理的な思考力・表現力の育成に向けて―根拠・理由・主張の三点セット―」『国語教育』No.７０３　明治図書　三〇―三四頁

＊10　中村敦雄　一九九三『日常言語の論理とレトリック』教育出版センター　一四九―一八七頁

＊11　門島伸佳　二〇〇一「批判的読みを支える三角ロジック」『国語教育』No.６０７　明治図書　三七―四〇頁

＊12　藤森裕治　二〇〇七『バタフライ・マップ法　文学で育てる〈美〉の論理力』東洋館出版社　二五頁

＊13　石田波郷　一九七〇『石田波郷全集』第1巻　角川書店　二一六頁

＊14　愛媛新聞メディアセンター編　二〇〇四『石田波郷　人と作品郷土俳人シリーズ9』愛媛新聞社　五四七頁

＊15　「もし……」という仮言命題を用いた〈読み〉については宇佐美寛氏がパースのプラグマティズム格言を用いて説明している。
宇佐美寛　一九八三『授業の理論をどう作るか』明治図書　九一―一三六頁
筆者は、この問題を「読みの方略」として捉え、以下の研究論文で発表した。
佐藤佐敏　二〇〇九「読みの方略が転移する可能性―作品を解釈する仮定スキルが他の読みの場面で活用される条件」全国大学国語教育学会編『国語科教育』第六十五集　五九―六六頁

＊16　松山市立垣生中学校の体育館脇には、石田波郷自筆の句碑がある。この句碑に対して愛媛大学図書館編集のＨＰ（愛媛大学図書館「句碑めぐり」www.lib.ehime-u.ac.jp 二〇〇九年一〇月二五日取得）には、次のような解説が掲載されている。「長男の誕生に触発されて、作った句である。小さな体で力一杯大空へ飛びあがる。その自由さを、わが子にもと思ったのであろう。」

＊17　鶴田清司　一九九一『国語教材研究の革新』明治図書　七八頁

＊18　鶴田清司　同書　七七―七八頁

＊19　養老孟司・古館伊知郎　二〇〇四『記憶が嘘をつく』扶桑社新書　六二頁

＊20　有元秀文　二〇〇九「バックグランド・ナリッジがないとテキストは理解できない」『国語教育』No.７０７　明治図書　一二七―一三二頁

＊21　戸田山和久　二〇一一『「科学的思考」のレッスン』ＮＨＫ出版新書　一二三頁

＊22　同書　五二頁

＊23 鶴田氏の次の論考を参考とした。
鶴田清司　一九九三　『「ごんぎつね」の〈解釈〉と〈分析〉』　明治図書　七八―七九頁

＊24 戸田山和久　前掲書　三一―四〇頁

＊25 楠見孝　一九九六　「帰納的推論と批判的思考」　市川伸一編著　『認知心理学4思考』　東京大学出版会　四五頁。

＊26 同書　四二頁

＊27 福田誠治氏は、ＰＩＳＡ調査における日本の生徒と得点上位国の生徒とを相対的に比較して、「日本の生徒たちは、『情報取出』や『解釈』がそれほど上手ではない」と述べている。
福田誠治　二〇〇七　『全国学力テストとＰＩＳＡ』　国民教育文化総合研究所　四九頁。

＊28 文部科学省 http://www.mext.go.jp/a_menu/shotou/gakuryoku-chousa/zenkoku/07032812.htm
平成一九年全国学力調査問題国語第3学年Ｂ　五頁―一一頁　平成二一年一一月二八日取得

＊この節は、次の学術論文を加除訂正して編集している。学術論文では、パースのアブダクションの論理とプラグマティズムの格率を援用しているが、それにかかわる理論的考察を本稿では割愛し、平易に書き改めた。

- 佐藤佐敏　二〇一〇　「なぜ誤読は起こるのか」　新潟大学教育学部編　『新大国語』　第33号　一―一一頁
- 佐藤佐敏　二〇一〇　「解釈におけるアブダクションの働き―C. S. Peirce の認識論に基づく『読みの授業論』の構築」　全国大学国語教育学会編　『国語科教育』　第六七集　二七―三四頁
- 佐藤佐敏　二〇一〇　「解釈する力を高める発問―C. S. Peirce の認識論に基づく『読みの授業論』の構築（2）」　『上越教育大学研究紀要』　第29号　二二一―二三〇頁
- 佐藤佐敏　二〇一一　「解釈する力を高める話合い―「解釈のアブダクションモデル」に基づく発問と話合い―」　全国大学国語教育学会編　『国語科教育』　第六九集　一一―一八頁
- 佐藤佐敏　二〇一二　「解釈は仮説的推論である。―科学の領域における仮説をめぐる論考を援用して―」　日本国語教育学会編　『月刊国語教育研究』　№４８１　五〇―五七頁

実践編

第2章

韻文実践

1

短歌の実践――「夕焼け空焦げきはまれる下にして氷らんとする湖の静けさ」（島木赤彦）

この短歌は美しい叙景歌である。

叙景歌であるので、作品を味わうには、まず第一に歌に詠まれている情景を的確に像として描く必要がある。

そこで、情景を想像させるために、次の発問を用意した。

発問 **語り手の目には、夕日が映っていますか。映っていませんか。**

指示 〈根拠〉と〈理由〉と〈解釈〉をセットで答えなさい。

以下に生徒の発言例を掲載するが**解**というのは、〈解釈〉を略した表記であり、**根**は〈根拠〉、**理**は〈理由〉をそれぞれ略した表記である。発問に対する子どもの反応については、基本的にこの三項で記した。

S1…**解** 見えていない。

根 「夕焼け空」とある。

理 もし、夕日が見えていたならば、「夕焼け空」とは言わない。

※以下、解釈の「見えていない」は省略。

S2…**根** 「氷らんとする湖」とある。

理 もし、夕日が湖に映っていたら、湖は凍らない。湖が赤く染まっていたら、熱そう。

S3…**根** 「湖の静けさ」とある。

理 もし、湖に夕日が映っていたら、静かでなくなる。夕日が波に揺られてうるさそう。

S4…**根** 「焦げ」とある。

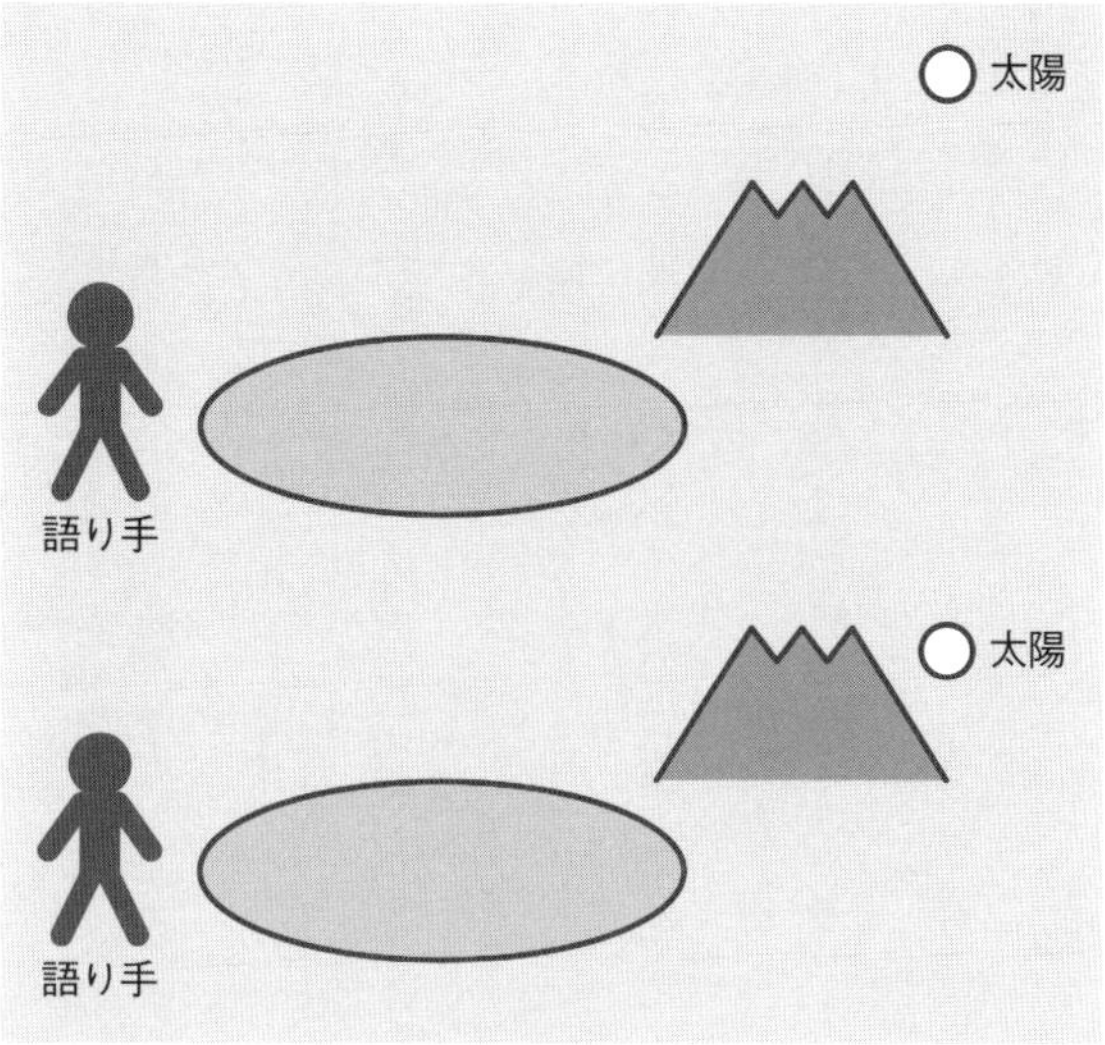

図8

理　もし夕日が見えていたら、「燃えている」となるはずだ。

S5…**根**「焦げきはまれる」とある。

理　もし夕日がまだ沈みきっていなければ、「焦げはじめ」になるはずだ。極まった状態であるから、夕日はすでに沈んでいる。

S6…**理**　語り手が夕日に照らされていないからだ。語り手は湖のほとりにいるだろう。もし、語り手に夕日が当たっていたら、湖にも夕日が当たる。そうなると、湖が凍るとはならないはずだ。

S7…**理**　同様に、語り手が夕日に照らされていない。もし、夕日が語り手に当たっていたら、「湖の静けさ」を感じられないだろう。

◎この発問での話合いの着地点例

ここに記したS1～S7は、どれも妥当な解釈である。

しかしながら、この発問を授業で行うと、意外にも多くの子どもが次のような誤読をする。

S8…「夕焼け」とあるから、夕日は目に入っていると思う。

実際、「夕焼けが焦げる状態」にあるのは、太陽が山あいに沈んで間もなくしてからである。太陽光線が、空気中の様々なチリに反射するからこそ、夕焼けは焦げるのであって、太陽が直接目に映っている時は、空は赤くさえ染まらない。

ところが、「夕焼け」のその状態を理解している子どもは意外と多くない。生活経験が乏しいのであろう。昨今の子どもは、夕焼けをゆっくりと見るという経験さえもっていないのであろうか。第一章の理論編で記したが、S8は、明らかに「間違った既有知識」にアクセスしている。いわば「思い込み読み」をしているのである。

S8の意見をもつ子どもの中には、「見えてない」という解釈が多く発せられても、なかなか納得のいかない子どももいる。思い込みの激しい子どもに対して、いくら論理的に説明しても、彼らの解釈を覆すのは難しい。

S8の子どもには、次のように言うことになる。

「クラブ活動が終わった帰り道、夕焼けの綺麗な時に、その夕焼けをじっくり見てごらん。燃えるような赤い夕焼け、焦げるような夕焼け、それぞれをじっくり見てごらん。すると、この短歌の情景が、今よりももっとリアルに思い浮かぶはずだよ。」

また、授業では、次のような発言も挙がる。

S9…前に夕日を見た時、燃えるように美しかった。だから、夕日は見えていると思う。

この発言も、歪んだ既有知識にアクセスしているのだが、それと同時に、情報の入力ミスもしている。短歌では「燃える」ではなく、「焦げきはまれる」と読まれているのに、この子どもは、「燃えるような夕焼け空」を思い浮かべているからである。

これは「読み間違い」「読み誤り」である。

話合いを組織すると、鍛えてある学級であれば、次のような反論が挙がるはずである。


S10…S9さんは、「燃えるようだった」と発言しましたが、短歌には、「燃える」とは書いてありません。「焦げ」と書いてあります。


こういった子どもの自浄作用としての役目を担う反論が出なければ、指導者側で、S9の入力ミスを指摘してあげなければならない。「読み間違い」を容認している国語教室では、子どもの読みの力は高まることはない。

指導者が子どもに遠慮して、子どもの読み間違いを正すことに躊躇していてはならない。

私なら、ニコニコ笑いながら、「燃えるようだった」とゆっくり反唱しながら、黒板で、「焦げ」のところを丁寧になぞる。

この仕草だけで、子どもは、「入力ミス」をしていることに気付くし、これくらいの指摘であれば、子どもを傷つけることもない。だから子どもの次なる発言意欲を削ぐこともない。

さて、作品世界の像を正確に描こうとする子どもは、次のような鋭い質問をしてくる。


S11…先生、質問です。語り手は、湖のどのあたりにいるんですか。それによって、夕焼けの見え方も、湖の見え方も違ってくるんですけど。

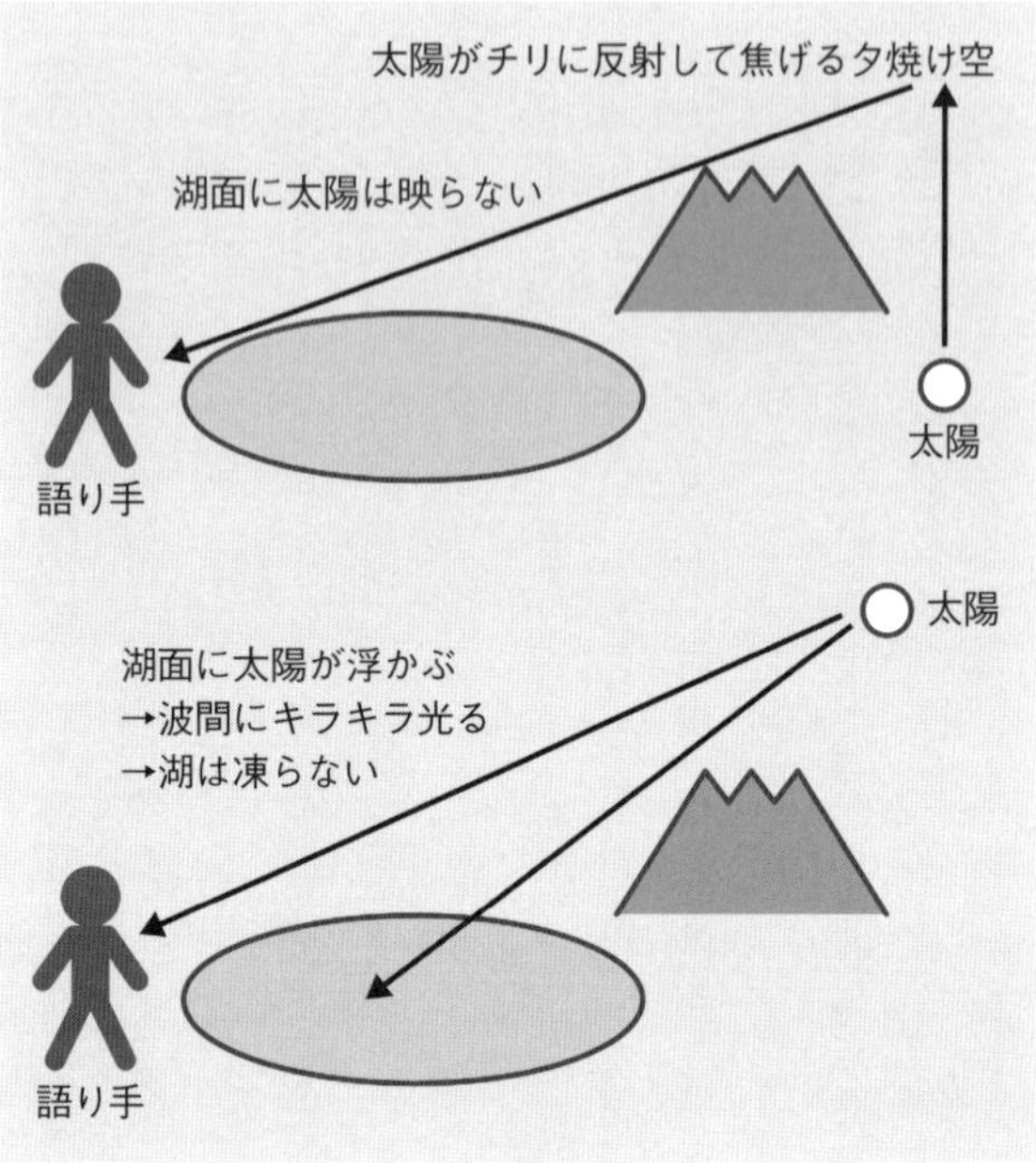

図9

こういった質問をする子どもは、思い切り褒める。そして、次のように補足説明する。

「鋭い、そのとおり。ひとまず、黒板に書いた**図8**のとおり、語り手は湖のこちら側の湖畔に立っていて湖の向こう岸の山あいの空を眺めているとしましょう。事実、この作者、島木赤彦は諏訪湖のほとりに住んでいました。今も湖畔の東側に島木赤彦記念館が建ってますし、島木赤彦は諏訪湖を詠んだ多くの短歌を残しています。語り手は、諏訪湖の東側の湖畔に立っていて、西側の湖と、湖の向こう岸の山あいの空を眺めているとしましょう。」

話合いの着地点としては、この点を押さえた上で、「夕日の見えていない像」を子どもに描かせる。

注

＊この発問の初出は以下のとおりである。

・佐藤佐敏　二〇〇八　「PISAショックにどう対応するか」『現代教育科学』№６２２　明治図書　二六―二八頁

2

詩の実践「岩が」(吉野弘)

岩が　　吉野弘

岩が　しぶきをあげ
流れに逆らっていた。
岩の横を　川上へ
強靱な尾をもった魚が　力強く
ひっそりと　泳いですぎた。
逆らうにしても
それぞれに特有な
そして精いっぱいな
仕方があるもの。
魚が岩を憐れんだり
岩が魚を卑しめたりしないのが
いかにも爽やかだ。
流れは豊かに
むしろ　卑屈なものたちを
押し流していた。

発問① 川はどこを流れていますか。上流・中流・下流、どこですか。

〈指示〉〈根拠〉と〈理由〉と〈解釈〉をセットで答えなさい。

◎話合いの様相

S1…根 本文に「川上へ……泳いで」と書いてある。
理 もし、上流ならそれよりも川上へ泳ぐことはできない。
解 だから中流だと思う。

S2…根 本文に「流れは豊かに」とある。
理 もし、上流や中流では豊かな流れとならない。
解 だから下流だ。

S3…解 中流。
根「魚がひっそりと泳いで」と書いてある。
理 もし、上流なら、流れが激しくて、ひっそりとなんて泳げないから。

S4…根 本文に「岩が」とある。
理 もし、中流や下流なら、「岩」は砕かれて石や砂になる。

S5…根 解 だから、上流だ。
理 本文に「強靱な尾をもった魚が」とあります。中流や下流なら平凡な尾の魚でも泳げるはずです。
解 だから上流です。

S6…根 本文に「岩がしぶきをあげ」と書いてある。
理 もし、中流や下流だったら水の流れが遅いので、しぶきはあがらないはず。
解 だから上流だ。

S7…根 本文に「魚が力強く泳いで」と書いてある。
理 もし、下流なら流れが緩やかなので、力強く泳ぐ必要はない。
解 だから流れの急な上流だと思う。

S8…根 私はS3さんと同じ〈根拠〉「ひっそり」に注目しました。S3さんは、「上流ならひっそりとなんて泳げない」と言いました。
理 だけど、下流では魚が群れになって泳いでいるから、こっちのほうが「ひっそり」にならないと思います。上流で一匹二匹になったから「ひっそり」なんじゃないですか。

S9…反 私は、「流れが豊かだから下流だ」と言った意見に反対です。
理 「流れは豊かに」というのは、水の量が豊かだということを表しているんじゃなくて、勢いの強い流れを「豊か」と表しているのだと思います。
解 だから、上流でも良いと思います。

S10…反 でも、S1さんが言ったように「川上へ」とあります。もし「川上で」なら、上流で泳いでいるということになりますが、「川上で」ではなく「川上へ」と書いてあるんです。

この「へ」は方向を示しているから、「中流から川上へ泳いでいる」と考えたほうが良いと思います。

上流に近い中流とか、そのあたりじゃないですか。

◎この発問での話合いの着地点例

この話合いでは、決定的な意見一つで最も妥当な解釈が決まると考えさせるのではなく、たくさんの解釈を総合的に判断してどの解釈が妥当かを考えさせることになる。

蓋然性が高い解釈は上流である。「川上へ」の「へ」については、「上流から源流へ向かっている」と押さえると良い。言葉の綾ではあるが、源流という概念を持ち込むことで解決できるし、実際、このように発言する子どもも皆無ではない。

この教材におけるこの発問については、「もし……」という仮言命題で答えさせることが比較的容易であるので、発問の後に「本文に、「……」と書いてある。「もし……ならば、……である。」の文型で答えなさい」と文型を指定する指示を出して良い。そして、「もし……ならば、……である。」と答えることが既有知識へのアクセスを促すことを実感として押さえさせたい。

したがって、丁寧に次のように説明する。

〈理由〉は、既有知識にアクセスすることで説得力が増します。既有知識にアクセスするには、「もし、……ならば、……である。だから……」という文型で答えると良いですね。「もし、下流なら、岩ではなく、石や砂になる」というのは、「もし……ならば……」と考えて、その像を頭に思い描けたから発言できた解釈ですね。こんなふうに、「もし……ならば……」という文型をこれからも、どんどん使ってみましょう。

◎教材価値に迫るための追加発問

発問①は、この詩に描かれた情景を豊かに想像することを目的にした発問である。

この教材の価値に迫るために、この発問は大きな布石となる。

この詩の良さは、「流れに逆らっていることの意味」にある。

いずれ荒波の流れの中を生き抜いていくことになる子どもたちには、この「逆らうことの意味」を押さえさせたい。そのために、以下の発問を行う。

発問② **この詩でいう「卑屈なもの」とは具体的にいうと何ですか。**

例 木の葉　小石　砂　小枝　ゴミ（ペットボトル・空き缶・ガムの包み紙・ビニール袋など）

発問③ **1　岩はなぜ逆らっているのですか。**

2　魚はなぜ逆らっているのですか。

（指示） 共通する理由、岩特有の理由、魚特有の理由に分けて答えなさい。

【共通する理由】

S11…流されたくないから。

S12…卑屈なものになりたくないから。

S13…「爽やか」でありたいから。

【岩が逆らっている理由】

S14…もし、流されるとしたら、岩は砕けてしまうということ。砕かれるというのは、自分が自分でなくなるということだから、砕かれたくないのだと思う。

S15…もし、流されると、岩は石や砂になってしまうということだ。きっと岩は、ちっちゃな存在になりたくないのだと思う。

S16…岩陰にいる魚とか小さな虫を守りたいから。もし、岩が流されると、そういった生き物も岩と一緒に流されてしまう。だから逆らっているんだと思う。


【魚が逆らっている理由】

S17…卵を産むため。つまり、目的を果たすため。

S18…どこまで自分が行けるか、試したいから。高いところを目指しているから。

S19…強靱な尾を試したいから。自分の力を試したいから。

S20…今より澄んだ水のところに行きたいから。もし、流されてしまうと、水の汚い下流や海に戻ってしまう。きっと、今よりも澄んだ世界を目指しているんだと思う。

◎この発問での話合いの着地点例

これらの子どもの反応は、「川はどこを流れていますか」という発問①にて十分に川の様子を思い浮かべたからこそ生まれた解釈である。発問①が布石となっているのである。

字面だけで「逆らっていた」と読むだけでは、「岩が砕けるということは、自分がちっちゃくなることだ」「魚は、今より澄んだ水、澄んだ世界を目指して泳いでいるんだ」といった解釈は生まれない。これらの解釈が生まれると、この詩の良さが実感として子どもに伝わる。

一言で言えば、岩は自分の存在意義を確認する上で「逆らっている」のであり、魚は、自分の目標に向かうために「逆らっている」という意味が伝わるのである。

発問④ **形象を読みます。川の流れは何を表していると言えますか。**

S21…社会の流れ
社会の変化
世の中の流れ
世の中の移りゆくさま
時代の移り変わり

質問 今のあなたは、岩と魚と卑屈なものと、どれに一番近いですか。

質問 目を閉じてください。二〇年後の自分を想像してください。どれに近い生き方をしたいと思いますか。

岩が良い人は手を挙げてください。魚が良い人……卑屈なものが良い人……

説明 卑屈なものが好きな場合は、どうぞ波乗りを楽しんでくださいね。時代の流れにうまく乗れるなら、それも悪くないかもしれませんから。もし、いつかあなたの未来で急な流れが襲ってきて、その流れを辛く感じたら、この詩を思い出してください。切ない時、ちょっと周りを見渡すと、あなたのほかにも、「岩」として「魚」として頑張っている人が、きっといます。

隣の岩や、一緒に川上に向かう魚の仲間をみつけたら、きっと乗り越えられる……と私は思っています。

指示 感想をまとめなさい。

3

詩の実践

「居直りりんご」（石原吉郎）

居直りりんご　石原吉郎

ひとつだけあとへ
とりのこされ
りんごは　ちいさく
居直ってみた
りんごが一個で
居直っても
どうなるものかと
かんがえたが
それほどりんごは
気がよわくて
それほどこころ細かったから
やっぱり居直ることにして
あたりをぐるっと
見まわしてから
たたみのへりまで
ころげて行って
これでもかとちいさく
居直ってやった

説明　この作品の情景を思い描きます。

発問①　**りんごはどこにありましたか。**
りんごは最初、それなりの数があったのですね。

発問②　**「とりのこされたりんご」はどんなりんごですか。**

【発問①についての子どもの反応】
S1…畳の部屋のテーブルの上の果物籠
S2…ちゃぶ台の上のお皿
S3…茶箪笥　ほか略

【発問②についての子どもの反応】
S4…赤みのない青いりんご
S5…腐りかけているりんご
S6…虫が喰っているりんご
S7…どこかにぶつかって傷んでいるりんご　ほか略

説明　「居直る」を辞書でひくとこう書いてあります。
「立場の悪くなった者が急に大きな態度をとること」

取り残されたりんごは、急に大きな態度をとったんですね。

発問③　では、このりんごは心も大きくなったんですね。大きくなったと言えますか。大きくなったとは言えませんか。

（「心も大きくなった」という意見は子どもから出ないが、それで良い。ここでは、なぜそのように考えるのかという〈根拠〉と〈理由〉を繋いで説明できることが重要だからである）。

【大きくなったとは言えない】

補助発問　心は大きくなっていると言えないのはなぜですか。

（指示）　〈根拠〉と〈理由〉を最低三つ以上、できるだけ多く答えなさい。

S8…**根**　「りんごは　ちいさく　居直ってみた」とある。

理　もし、心も大きくなっていたら、「ちいさく」ではなく「大きく居直る」だろう。「居直ってみた」という表現が、周囲を気にして、「とりあえずやってみようかな」という感じが伝わってくる。もし、心も大きくなっていたら、「居直った」となるはずだ。

S9…**根**　「……どうなるものかとかんがえたが」とある。

理　これは心の迷いを表現している。もし、心が大きくなっていたら、「考える」前に行動しているはずだ。

S10…**根**　「それほどりんごは気がよわくて」とある。

理　もし、心が大きくなっていたら、「気が強くなって」と書くはずだ。

S11…**根**　「それほどこころ細かったから」とある。

S12…根 理 同じように、「心が強くなったので」となるはずだ。

S13…根 理 「やっぱり居直ることにして」とある。

　　　理 「やっぱり」というのが、ためらった末の決断だと分かる。

S14…根 理 「あたりをぐるっと／見まわしてから」とある。

　　　理 もし、心が大きくなっていたら「あたりをぐるっと見まわ」さずに、前だけ向いて居直っている
はずだ。

S15…根 理 「たたみのへりまで／ころげて行って」とある。

　　　理 もし、心が大きくなっていたら、部屋の真ん中で堂々と居直るはずだ。そんな部屋の端まで行く
ということが、気の小さい証拠だ。

S16…根 理 「これでもかと小さく」とある。

　　　理 S8が言ったように「小さく」とあるから。また、「これでもか」というのが、なんか気の弱い
犬ほどよく吠えるみたいな強がりに感じるから。

　　　根 「居直ってやった」とある。

　　　理 この「居直ってやった」の「……やった」も「居直ってみた」の「みた」と同じで、自然な行動
ではない。無理をしている感じがする。もし、心が大きくなっていたら、少なくとも「居直った」

となる。

◎この発問での話合いの着地点例

この教材のこの発問は、学年最初の四月当初に行うと良い。

というのも、右記のとおり、たくさんの〈根拠〉を挙げることのできる発問だからである。

これは、「〈根拠〉をたくさん挙げることができるかどうか」を勝負させる発問である。指示の例では「三つ以上答えなさい」としたが、鍛えてある学級であれば、「五つ以上」としても良い。力のある子どもは七つ以上挙げる。そして、学級で発表させると、右記のように多数の〈根拠〉が挙がる。挙がる〈根拠〉も「……みた」「……やった」という補助動詞であったり、「やっぱり」という修飾語であったり、細部にわたって子どもは本文を検討する。

四月に、この教材のこの発問で〈根拠〉の挙げ方を確認しておくと、この後の様々な教材の読解場面で、右記のような表現の細部に子どもは着目するようになる。

授業開きに適した詩の一つである。

さて、筆者は、この詩の授業の後に、「居直りりんご」の詩を真似て、果物や野菜をモチーフとした作品を書く課題を与えた。本書のテーマからは外れるが、なかなか魅力的な学習活動となったので蛇足ながら書き記す。

学習課題　「居直りりんご」の主役は「りんご」でした。
これから、野菜や果物を主役とした詩を書きましょう。
書くポイントは以下のとおりです。
1　果物や野菜の特徴を捉える。
①色　②大きさ　③形　④匂い　⑤味　⑥重さ　⑦その他特徴
2　物語とする（りんごが、一つだけ取り残されてしまったというように）

この課題で子どもが書いた作品の幾つかを紹介する。

寒がり屋のキウイ　石田みわ

毛皮を着て
それでもまだ　青ざめている

たまねぎの疑問　樋口洋子

なんで泣くの？

監禁バナナ　藤巻　望

狭い部屋に監禁されて
顔色がどす黒くなってきた

いちごの卒業　渡辺　薫

春の穏やかな日差しを浴びて
いちごの卒業式が行われた
長い年月をかけてこの日を迎えた
いちごの頰は　赤く　ほほえんでいる
緑の髪に
にきびのできた表情は　少しだけ
大人びてみえた

◉──注

＊この発問は、以下の論文で発表している。
・新潟市中学校中教研国語部編　一九九四『新潟市中学校作文集』第36集　一〇三―一〇四頁
・佐藤佐敏　二〇〇九「作文を読む時間をどう捻出するか」『月刊国語教育』vol.29 №5　東京法令出版　五〇―五三頁

4 詩の実践

「喪失ではなく」（吉原幸子）

喪失ではなく　吉原幸子

大きくなって
小さかったことのいみを知ったとき
わたしは〝ようねん〟を
ふたたび　もった
こんどこそ　ほんとうに
はじめて　もった

だれでも　いちど　小さいのだった
わたしも　いちど　小さいのだった
電車の窓から　きょろきょろ見たのだ
けしきは　新しかったのだ　いちど

それがどんなに　まばゆいことだったか
大きくなったからこそ　わたしにわかる

だいじがることさえ　要らなかった
子供であるのは　ぜいたくな　哀しさなのに

発問①　**話者は、「大きくなること」を喜びだと考えていますか。哀しだみと考えていますか。**

（指示）　〈根拠〉と〈理由〉と〈解釈〉をセットで答えなさい。

【喜びである】

S1…**根**　本文に、「大きくなって　小さかったことのいみを知った」とある。
理　知らなかったことを知ったというのは喜びだと言える。

S2…**理**　小さいままでは、その意味を知らないわけだから。

S3…**根**　「ほんとうの」とある。
理　小さい頃は、「ほんとう」ではなかったということだ。ほんとうのようねんをもてるようになったのだから、喜びだと言える。

そのなかにいて　知らなかった
雪をにぎって　とけないものと思いこんでいた
いちどのかなしさを
いま　こんなにも　だいじにおもうとき
わたしは〝ようねん〟を　はじめて生きる
もういちど　電車の窓わくにしがみついて
青いけしきのみずみずしさに　胸いっぱいになって
わたしは　ほんとうの
少しかなしい　子供になれた――

S4…根　本文に、「いま　こんなにも　だいじにおもう」とある。
理　ようねんを生きることをだいじに思えるということは、ようねんを生きることを喜んでいるからだ。もし、つまらなかったら、「だいじ」には思えない。
S5…根　題名に、「喪失ではなく」とある。
理　喪失ではないから。「喪失」であれば、哀しいけれど、喪失してないのだから、哀しんではいない。

【哀しみである】

S6…根　「それがどんなに　まばゆいことだったか」とある。

理　まばゆいけしきは小さい時でしか感じられないということだ。

解　大きくなってしまっては、まばゆく感じられないのだから、それは哀しいことだ。

S7…根　本文に、「けしきは　あたらしかったのだ　いちど」とある。

理　けしきが新しかったのは一度でしかない。二度目はないんだ。知らなきゃ別に良かったのに、知ってしまったことが哀しいことだ。

S8…根　でも、「もういちど、……子どもになれた」とある。

理　「いちど」とは言っているけど、もう一回、子どもになれたのだから、哀しんではいないと思う。

S9…根　「ほんとうの　少しかなしい　子どもになれた」と書いてあるんだよ。

理 「かなしい」と言っているんだから、哀しいに決まっているじゃん。

◎この発問での話合いの着地点例

この作品の文学的価値は、アイロニーにある。中学三年生くらいでないと、このアイロニーの概念を実感として理解するのは難しいであろう。

不条理な人間の性情や、「あんたなんか、大嫌い」と言っていることに「好き」という本意を汲み取ることができるといった経験を積んだ子どもでなければ、この作品は本当の意味で理解できないのかもしれない。

言説的に表現していることと、その裏に込められた思いは相反しているというアイロニーを理解しないとこの作品は理解できない。これを裏返すと、表現していないことこそ表現したい本質であるという文学の一つの面白い側面を味わわせるには、この作品は適しているとも言える。

この発問に対する蓋然性の高い解答は、もう少し作品を噛み砕かないと発せられない。

そこで、次のような発問を展開した後、この発問にもう一度立ち戻らせたい。

◎教材価値に迫るために続けた発問

発問② **「ようねん」とあります。何歳頃のことですか。また、「大きくなって」とあります。何歳くらいになってですか。**

【「ようねん」の年代】

S10…**根** 「電車の窓からきょろきょろ見た」とある。

理 小学校にあがれば、「きょろきょろ」はしない。

S11…解 だから、小学校に入る前だろう。
根 「とけない雪」のことを大人になって覚えている。
理 三歳より小さかったら、そんなことは覚えていない。
解 覚えているのは五歳くらいだと思う。

S12…根 「幼年」と漢字を当てられる。
理 乳児でも児童・少年でもない。
解 幼児という年頃。

【「大きくなって」の年代】

S13…解 一〇代。
理 心身ともに大きく成長するから。
根 「大きくなったね」と私たちも言われるから。

S14…解 二〇代だと思う。
理 社会に出て世の中のことが分かりかけるころだから。高校生や大学生といった学生だと、こんなふうには分からないんじゃないか。社会の成り立ちとか、そういうことが分かる年頃だと思う。

S15…解 三〇代だと思う。
理 自分の子どもを見てこの詩を書いたのでは。子どもと接することで、思い出したと思う。

補助発問 話者の言う「いちど過ごしたようねん」と「今はじめて生きるようねん」とは、どう違うのですか。

(指示) 対比して表にまとめなさい。

（指示） 発問①の討論に戻ります。大きくなることは喜びだと考えていますか。哀しみだと考えていますか。

【哀しみである】

S16…**根**「子供になれた――」とある。

理 この「――」に、哀切な余韻が残っているから。

S17…**根**「窓わくにしがみつく」とある。

理 この表現は、コミカルな誇張表現であり、切なさがにじんでいる。「窓わくにしがみつく」こと自体が哀しい。

S18…**根**「だいじにおもう」とある。

理「だいじにおも」わないでいい「ぜいたく」を失っている。

解 だから、かなしい。

S19…**理**「大きくなることは、哀しくもあり喜びでもあり」ということを作者は表現しようとしていると思う。

補助発問 何が、哀しみであるというのですか。

S20…「ようねん」を失うことが哀しいのだと思う。

S21…「大きくなること」が哀しいんじゃなくて、「ようね

いちど過ごした	今はじめて生きる
○知っていない	知っている
・小さかったことのいみ ・けしきがまばゆかったこと ・子供であること	
○だいじがることがいらなかった	だいじに思っている
○電車の窓からきょろきょろ見た ・ごく自然な態度 ・見る目的や対象が不明確 ・ただ見ている	窓枠にしがみついて見ている ・主体的な態度 ・見る目的や対象はより明確 ・思索をともなって見ている
○無意識に生きている	意識して生きている
○新鮮さが容易に手に入った	探し求めて得ようとしている

ん」を失うことが哀しいということだ！

◎この作品での着地点例

この「少しかなしい　大人になれた」を実感として分かるのは、きっと自分が親となり自身の子どもをもってからであろう。現に吉原幸子がこの詩を書いたのは、そういった年代にあった。

この「かなしい」の反語的なニュアンスは感覚的に理解するしかない。この反語的なニュアンスこそが作品価値を彩るアイロニーである。

遠い将来、「あ、あの時のあの詩の授業でやった「ようねんを　はじめて生きる」って、こういうことだったんだ」と気付く子どもも、きっといるであろう。そんな将来を夢見て授業すると言えばロマンチックすぎるが、この文学的アイロニーは教えておきたい。実感をともなわない感覚的理解であったにせよ、「分かる子ども」にとっては、文学の世界はこれを機に大きく広がることであろう。

指示　話者の生きる上での意志を「喪失ではなく」という言葉を用いてまとめなさい。

S22…大きくなることは、純真な心（「ようねん」）を喪失するということではない。純真な心の喪失ではなく、話者は、大人になったからこそ、みずみずしい感受性を大切にして生きていきたいと決意している。

（指示）　感想をどうぞ。

三国利明

ぼくも小さかった時を振り返って、あの頃に戻りたいと思ったことはいく度もあった。また、今から社会に出て、つらいことがたくさんあると思うとこれから大人にはなりたくないなと思う。しかし、この詩の作者は、大人になっても生きることのすばらしさを求めることはできると語った。ぼくもそう思える大人になりたいと思う。

黒川尚子

「ようねん」という言葉は、「新しい発見」「未知の世界」という意味だろう。しかし、作者のこれからの「ようねん」はひと味違う。「自分から新しい発見をしようとする」「未知の世界へふみこんでゆく」という意味だからである。昔の「ようねん」は自然の力であって、自分の力で獲得するこれからの「ようねん」とは全く違うのだ。今まで忘れていた「ようねん」を今、新しく獲得し、新しいところへ進んでいく作者を「これからのようねん」とするならば、昔の頃を振り返ることのできないわたしは、「昔のようねん」を離れた中途半端な存在だ。

でもいつか、「これからのようねん」を歩くことができるなら夢と希望と、それまでの苦しい経験をかかえながら、作者とはひと味違うぞ！　という大人になりたいと思う。

注

＊この発問は、以下の実践論文等で発表している。

・佐藤佐敏　一九八九　「詩「喪失ではなく」指導法の一考察」『中学国語教育』三省堂　一一一一八頁

・佐藤佐敏　二〇〇六　「共に学ぶ姿のある授業（3年次）」『新潟大学教育人間科学部附属新潟中学校研究会発表授業資料』

第3章

実践編

小学校実践

1 「お手紙」（アーノルド・ローベル／三木卓 訳）（小学二年）

発問① **かえるくんは、かたつむりくんがお手紙を届けるのは、すぐだと思っていますか。おそくなると知っていますか。**

〈指示〉 「本文に「……」と書いてある。もし、……なら、……だ。だから……」という文で答えなさい。

小学校二年生では、全員の子どもに、〈理由〉まで答えさせるのは難しい。二割から七割の子どもは、〈根拠〉と〈理由〉を含めた三角ロジックで答えることは可能である。が、残りの子どもにとっては、難しい。したがって、小学校二年生では、〈根拠〉と〈理由〉のいずれかを答えることを課して次のように指示して良い。

「なぜなら……に続いて、答えなさい。」

「わけは……に続いて、答えなさい。」

そして、〈根拠〉を挙げることができるようであれば、「証拠を本文からみつけて答えなさい」と指示すると良い。

文字を覚えたばかりの子どもには、自分の考えだけでなく〈根拠〉や〈理由〉までをノートに書かせるというのは、大変に時間の掛かる作業となる。筆者が介入授業をした小学校二年生の教室では、〈根拠〉と〈理由〉の両方を短時間で記述できる子どもは二割ほどであった。日頃から書く作業を徹底していない学級では、問題を黒板に書いて、それをノートに写させるだけで相当な時間が費やされるであろうし、〈根拠〉や〈理由〉までを記述させるだけで気の遠くなる時間が掛かるという教室もあるであろう。しかし、時間や手間が掛かるからといって、それらの記述を子どもに課さないということに筆者は賛成しかねる。

ＰＩＳＡ型読解力で高得点をあげているフィンランドにおいて小学三年生の教科書でも「なぜなら……、に続けて答えなさい」という指示が頻繁に出されている。*1 やはり、この積み重ねこそが、論理的に読む力を高めると考えるからである。

書けない子は「答えだけで良い」という許容範囲を設けながら、「なぜなら……に続けて、答えなさい」と指示し、小学校高学年には〈根拠〉と〈理由〉を意識して記述できる子どもに、段階的に育てていくと良い。

ここに挙げた例は、実際の小学校二年生の発言をそのまま掲載したのではなく、〈根拠〉と〈理由〉の両方を記した模範的な例を載せている。実際の二年生では、〈根拠〉を挙げて答えることができれば十分であるし、「〈根拠〉と〈理由〉のどちらか」を証拠として挙げることができることでよしとして良い（低学年でなかったとしても、〈根拠〉と〈理由〉の両方を挙げることのできる子どもが少なければ、「なぜなら……、に続けて答えなさい。」という指示で、いずれかを答えることを課すと良いであろう）。

また、常に、どの課題においても〈根拠〉と〈理由〉とを明確に分けて答えることが重要であるというわけではない。課題によっては、〈根拠〉と〈理由〉を分けて答えることの難しいものもあるし、分けないほうが聞き手に伝わりやすい場合もある。

これまでみてきたように、ひとまず本著の各発問に対しては、基本的に〈根拠〉と〈理由〉と〈解釈〉の三項で記すことを基本としている。


【すぐだと思っている】

S1…**根**　本文に、「すぐやるぜ」と書いてある。
　　理　もし、「そのうちに」と言われたのなら、おそくなると思う。だけど、「すぐ」と言われた。

1　「お手紙」（アーノルド・ローベル）

解 すぐにもってくると思っている。

S2…根 本文に、「かえるくんはまどからゆうびんうけを見ました。かたつむりくんはまだやって来ません」とある。

理 もし、おそくなると知っていたら、かたつむりくんが来ると思って窓の外を見ることはない。

解 すぐ来ると思っているから、まどの外を見ている。

※以下、〈解釈〉部分は省略する。

S3…根 本文に、「きみ、起きてさ、お手紙が来るのをもうちょっとまってみたらいいと思うな」と書いてある。

理 もし、おそくなると思っていたら、お昼寝を起こしはしない。

S4…根 かえるくんは、ひるねをしていたがまくんを起こしてから、三回もまどの外を見ている。

理 それくらい、かたつむりくんが来ると思っている。

S5…根 何回も、がまくんに起きて手紙が来ることをさそっている。

理 もし、おそくなると知っていたら、この日に、がまくんを起こそうと思わない。

【おそくなると知っている】

S6…根 本文に「しりあいのかたつむりにあいました。」と書いてある。

理 もし、しりあいでなかったら、知らないけど、しりあいなんだから、かたつむりくんの足がおそいことくらい知っているはずだ。

◎この発問での話合いの着地点例

小学校二年生では、話合いがエキサイティングになる必要はない。小学校高学年、または中学校では、二つの解釈が伯仲することで学習意欲が高まるということはある。しかし、小学校低学年では解釈が二つに割れる必要もない。話合いの後には、「この作品の面白さは、手紙を届けるのを、たまたまかたつむりくんに頼んでしまったところにあるんだよね」と子どもに話す。

筆者は、「まかせてくれよ」「すぐやるぜ」を、延びきったテープを回しているように低く間延びした音声で朗読して子どもに聞かせた。子どもはニコニコと、とても喜んでそれを聞いた。これで子どもには、「すぐやる」と言いながら、間延びしている声（実際に遅くなることを暗示した声）のアンバランスさの面白さに気付かせることができたと思われる。

ところで、松任谷由実の曲に、「十四番目の月」という歌がある。「満月になったら、後は欠けるだけ。だからフルムーンになる前の月が一番好き」といった内容の歌詞の佳品である。

手紙というものも、その手紙が届くまでの待っている間が一番幸せだと言うことができる。

発問③は、そのことに気付かせるものであるが、この発問①は、その布石の意味で重要である。

発問②　**「ばからしいこと、言うなよ。」は、おこったように読んだほうがよいですか。悲しそうに読んだほうがよいですか。**

〈指示〉「本文に「……」と書いてある。もし、……なら、……だ。だから……」という文で答えなさい。

【おこったように読む】

S1…**根**　本文で、がまくんは、「ぼく、もうまっているの、あきあきしたよ。」と言っている。それなのに、その後に、「きょうは、だれかが、きみにお手紙をくれるかもしれないよ。」なんてのんきなことをかえるくんが言っている。

理　もし、悲しいなら「あきあきしたよ」とは言わない。がまくんは、かえるくんに、うんざりして

1　「お手紙」（アーノルド・ローベル）

いる。

解 だから、おこったように読んだほうがいい。

※以下〈解釈〉部分は省略する。

S2…**根**「きみ、起きてさ、お手紙が来るのを、もうちょっとまってみたらよいと思うな。」とかえるくんにいわれて、がまくんは、「いやだよ」と答えている。

理 もし、悲しいのなら、「いやだ」じゃなくて、「もういいよ」と言うと思う。「いやだ」と言ったのに、かえるくんは、とてもクドイ。

S3…**根** 本文に、「今まで、だれも、お手紙くれなかったんだぜ。」とある。

理 もし、「お手紙くれなかったんだもん」だったら、悲しそう。でも、「だぜ」という言い方は、ちょっとイライラしている感じがする。

S4…**根** 本文に、「がまくんは、ベッドで、お昼ねをしていました」とある。

理 もし、昼寝していなかったら、何でもない。でも、お昼寝をおこされたらイラっとする。

S5…**根** 同じです。

理 寝起きは、だれもが機嫌が悪いと思います。

【悲しそうに読む】

S6…**根** がまくんとかえるくんは友だちだ。

理 もし、おこったら、かえるくんがかわいそうだ。

解 だから、おこったように読まないほうがいい。

S7…**根** がまくんは、「そんなことあるものかい」といっている。

理 がまくんは、あきらめている。力が抜けている感じだ。

S8…根「一日のうちの悲しいときなんだ。つまり、お手紙をまつ時間なんだ」とがまくんはいっている。
理　もし、「イライラする時間なんだ」と書いてあったらおこったふうに読んだほうがいい。でも、「悲しいとき」なんだから。
解　悲しく読んだほうがいい。

◎この発問での話合いの着地点例

教科書にも書かれている課題であり、どちらにも解釈できる箇所である。話合いを一方に決着させる必要はない。

筆者が授業した時には、次のように子どもたちに語った。

説明　「友だちに向かっておこるのはよくない」という意見は、とても素晴らしいですね。先生は感激しました。実は、がまくんとかえるくんのこの本は、シリーズになっていて四冊出ています。そのシリーズを読むと、がまくんとかえるくんは、とってもとっても仲が良いことが分かります。とても仲が良いので、ちょっとくらいおこっても、二人の関係は悪くなることはないと思います。先生は、昼寝を起こされると、とても腹が立ちます。気持ちよく寝ているのに、起こされたらムカッときます。皆さんはどうですか。

S5さんも、先生と同じように「寝起きは機嫌が悪い」と発言しましたね。こんなふうに、自分の経験を基にして〈理由〉を述べることは、とても素晴らしいことです。また、S3さんは、「だぜ」という言葉に注目しましたね。こういう言葉を「語尾」といいます。語尾に注目したS3さんも、素晴らしい！

1　「お手紙」（アーノルド・ローベル）

こんなふうに、自分の経験を基に〈理由〉を考えたり、言葉の細かいところに注目して考えたりすることは、とても良いことです。みなさんも、S5とS3の真似をしてみてください。

発問③ **がまくんが一番うれしかったのは、どの場面ですか。次から選びなさい。**

① かえるくんから「だって、ぼくが、きみにお手紙だしたんだもの」と聞いたところ
② かえるくんから、お手紙の内容を聞いたところ
③ 二人で手紙がくるのを待っていたところ
④ かたつむりくんから手紙を手渡されたところ

〈指示〉 〈証拠〉と〈理由〉を挙げて答えなさい。

【①かえるくんから「だって、ぼくが、きみに手紙だしたんだもの」と聞いたところ】

S1…**根** 「きみが。」とがまくんが驚いている。
理 驚くくらい、うれしかったと思う。
解 だから、かえるくんから、聞いたときが一番うれしいと思う。

※以下、〈解釈〉部分は省略する。

S2…**根** 「今まで、だれも、お手紙くれなかったんだぜ。きょうだって同じだろうよ」とがまくんが言っている。
理 そんなときに、お手紙を書いてくれたと聞けば、とてもうれしいと思う。

S3…**根** 「いま、一日のうちのかなしいときなんだ。つまり、お手紙をまつじかんなんだ。そうなるといつもぼくとてもふしあわせなきもちになるんだよ。」とがまくんがいっていた。

理　ふしあわせなきもちになったのは、お手紙をもらったことがないからだ。お手紙を書いたと聞いたら、ふしあわせなきもちじゃなくなる。

S4…根　がまくんは、「ぼくに手紙をくれる人なんているとは思えないよ。」といっていた。
理　だから、かえるくんが手紙をくれると聞いて、うれしかったと思う。

【②かえるくんから、お手紙の内容を聞いたところ】

S5…根　「きみの親友　かえる」と手紙に書いたと聞いた。
理　こんなふうに言われれば、とてもうれしい。
解　だから、手紙に書いたことを聞いたところが、一番うれしい。

S6…根　「ぼくは、きみがぼくの親友であることをうれしくおもっています」と聞いた。
理　かえるくんがうれしいと書いたのを聞いて、うれしくなったと思う。

S7…根　「ああ。」とがまくんがいっている。
理　この「ああ。」は、かんげきしていった言葉だ。

S8…根　「とてもいいお手紙だ」とがまくんが言っている。
理　もし、手紙をもらっても、つまんないことしか書いてなかったら、うれしくない。手紙に、どんなことが書かれているかが気になると思う。

【③二人で手紙がくるのを待っていたところ】

S9…根　「それからふたりはげんかんにでて　手紙のくるのを　まっていました。／ふたりとも　とてもしあわせなきもちで　そこにすわっていました。」とある。
理　しあわせなきもちと書いてある。
解　だから、ここが一番幸せなんだと思う。

1　「お手紙」（アーノルド・ローベル）

※以下の解答は、筆者が授業した学級では発せられなかったが、押さえておきたい解答である。

S10…**根** 前には、「お手紙をまっているときがかなしいのは、そのためなのさ。」といっていた。ところが、ここで、「二人ともしあわせな気持ちで、そこにすわっていました。／長いことまっていました。」とある。

理 お手紙というのは、相手から届くまでの間の、「待ち遠しさ」が、心を豊かに、幸せな気持ちにしてくれるものだ。

S11…**根** 「二人ともしあわせな気持ちで」とある。

理 がまくん一人がうれしいのではなく、かえるくんもうれしい気持ちで手紙が届くのを待っている。つまり、うれしい気持ちを、親友であるがまくんとかえるくんの二人で共有していることが、「しあわせな気持ち」になっているということだ。

S12…**根** 「一日のうちのかなしいときなんだ。つまりお手紙をまつ時間なんだ」と悲しんでいた気持ちから、「しあわせなきもち」に正反対に変化した。

理 手紙を待つ悲しさが、手紙を待つ幸せに変化したのだから。

S13…**根** 「まいにち　ぼくのゆうびんうけは　からっぽさ」とある。

理 この「からっぽ」というのは、郵便受けが空っぽであると同時に、がまくんの満たされない心、空しい心を表している。今、「しあわせなきもち」でがまくんは、お手紙がくるのを待っている。手紙が届くまで、郵便受けは空っぽなままだけれども、手紙が届くという期待と信頼が心を満たしている。

【④かたつむりくんから手紙を手渡されたところ】

S14…**根** 「手紙をもらって、がまくんはとてもよろこびました。」とある。

よろこんだのだから。

S15…理 手紙を書いたと聞いても、その手紙の中身を聞いても、それを自分で読まないことには、まだ、信じられない。

S16…根 「四日たって、かたつむりくんが、がまくんの家につきました。」とある。

理 四日もまったのだから、つかないかもしれないと不安になっていたと思う。

解 だから、手紙が届いて、うれしかったと思う。

◎この発問での話合いの着地点例

まずは、「とてもいいお手紙だ」「しあわせなきもちで」「喜びました」というストレートな表現に子どもは反応するであろう。小学校低学年では、これらの言葉をきちんと抜き出すことが第一に重要であろう。机間支援で〈根拠〉を挙げることのできない子どもには、これらの言葉を指摘できるように、その箇所を読み聞かせてあげると良いであろう。

さて、では一番うれしかったのは、「手紙を書いた」と聞いたところか、手紙の中身を教えてもらったところか、手紙を待っているところか、実際に手紙を受け取ったところか……。

先の「しあわせ」「喜びました」といった直接的な表現の〈根拠〉ではなく、違った表現を〈根拠〉として各自の経験にアクセスして解釈に結び付けることができるかどうか、これが第二のステップとなる。これは、子どもたちがそれぞれの経験に基づいて、自分が一番うれしいと思うところを挙げれば良い。

聞いただけでうれしく思う子どももいるであろう。「親友」という言葉に反応する子もいるであろう。「現物を目にしないと信じられない」という子もいて良いであろう。それは問わない。

筆者は、この「お手紙」の介入授業にて、三回続けて「〈根拠〉と〈理由〉の両方を文型にあわせて書く

1 「お手紙」(アーノルド・ローベル)

こと」を子どもに課し、書けない子には個別支援を徹底した。「〈根拠〉と〈理由〉をあわせて答える三つ目の発問」であるので、〈根拠〉と〈理由〉を挙げて答えることに子どもが慣れてきた手応えがあった（全員の子どもが〈根拠〉と〈理由〉の両方を書けるようになったというわけではない）。繰り返すことにより、〈根拠〉と〈理由〉を答えることを、少しでも、癖、習慣に近づけさせたい。

この回答として筆者は、次の対比構造にこの作品の深い味わいを感じている。

「来ない手紙を待つ悲しさ」と「来るはずの手紙を待つ幸せ」

「一人で手紙を待つ悲しさ」と「二人で手紙を待つうれしさ」

「空っぽの郵便受け」「空っぽの心」と、手紙が来ることを知った後の「満たされた心」。

これらは、電話やメールといった即時的な伝達手段ではなく、時間的誤差のある手紙であるからこそ味わえる気持ちである。それは、「待つという時間に対する幸福感」である。

だからこそ、「かたつむりくん」という脇役が生きているのであり、「うっかりかたつむりくんに渡してしまったかえるくん」の怪我の功名こそが、この幸せな気持ちを増幅させている。配達されるまで四日も待ったという間抜けた可笑しさは、四部作の「がまくんとかえるくん」シリーズ全編に流れる作調である。子どもたちには、是非、この可笑しみを味わわせたい。

S10とS11とS12とS13の意見は、小学校二年生には高度であり、子どもの口から発せられることは期待できないかもしれない。また、教師が説明しても、それを理解できない子どももいるかもしれない。

しかしながら、作品の味わいとして、筆者は、この四つの解釈については、是非とも解説しておきたい。

〈指示〉 では、感想をまとめましょう。

◉注
＊1　Mervi Ware, Markku Tollinen, Ritva Koskipaa. 北川達夫訳　フィンランド・メソッド普及会編　二〇〇七『日本語翻訳版 フィンランド国語教科書 小学三年生』経済界出版

2 「白いぼうし」（あまんきみこ）（小学四年）

説明 今日は、「白いぼうし」の「なぞ」をみんなでつきとめます。名探偵になって、推理してください。

発問① **おかっぱのかわいい女の子は、たけのたけおくんが捕まえたちょうちょが変身した姿だと言って良いですか。良くないですか。**

（指示）「本文に「……」と書いてある。もし、……なら、……だ。だから……」という文で答えなさい。

【ちょうちょが変身した姿だ】例

S1…**根** 本文に「菜の花横町」と女の子が言っています。

理 もし、ちょうちょでなければ、菜の花のところに行くとは言わないで、普通の町名を言うはずです。

解 だから、女の子は、ちょうちょだと言えます。

※以下〈解釈〉部分は省略する。

S2…**根** 本文に「女の子が、後ろから乗り出して、せかせか」言ったとあります。

理 もし、ちょうちょでなければ、「せかせか」言わずに、ふつうに言ったと思います。

S3…根 本文に、「早く、おじちゃん……」と言っています。

理 もし、ちょうちょでなければ、「おじちゃん」ではなく、「運転手さん」と言うはずです。また、もし、ちょうちょでなければ、「早く」とは言わないはずです。

S4…根 女の子が、「道にまよったの。行っても行っても、四角い建物ばかりだもん。」と言っています。

理 もし、ふつうの人間であれば、「四角い建物ばかりだ。」とは言わずに、「高いビルばかりで、道に迷った。」と言うはずです。

S5…根 同じところで、「つかれたような声」とあります。これは、男の子にみつかって逃げるのに必死だったからです。……

理 もし、ちょうちょでなかったら、いきなり「つかれたような声」でタクシーに乗らないと思います。

S6…根 〈証拠〉は、女の子がいなくなったところが、白いちょうが二〇も三〇もいるところだったからです。

理 もし、ふつうの女の子なら、自分の家の前とか、マンションの前で降りると思う。

S7…根 本文に「よかったね。」「よかったよ。」……とあります。

理 これは、ちょうちょたちに、「無事逃げることができてよかったね」という意味だからです。

【ちょうちょが変身したはずがない】例
S8…解 〈証拠〉はありませんが、ちょうちょが人間に変身するなんてことは、有り得ません。

S9…根 本文に「ミラーには、だれもうつっていません。ふり返っても、だれもいません。松井さんは車をとめて」とあります。

理 もし、車が走っていたら、その間に、人間が車から降りるなんてことは有り得ません。

解 だから、これは、人間でもちょうちょでもなく、松井さんが夢を見ていたんだと思います。松井さんの見たまぼろしです。

◎この発問での話合いの着地点例

お察しのとおり、この発問については、「×」の意見、つまり「ちょうちょが変身したわけではない」の意見は出なくて良い。いわゆる「ちょうちょが変身した」と明確に書かなくとも、「それとなく匂わせている」ところに、この作品の味わいがあるのであり、その作者の巧みさに迫らせるための発問である。

したがって、授業の着地点としては、次の教師言で締めると良い。

説明　現実的には、有り得ない話ですね。ちょうちょが人間に化けるなんて。でも、この、女の子のこと以外は、どこにでもあるような話になっています。こんなふうに、どこにでもあるようなお話だけど、有り得ない場面をつくっている作品を「ファンタジー」というんですね。『ハリー・ポッター』などもそうです。

はっきりと、「ちょうちょが人間に化けた」と書くと、ちっとも面白くないんですよね。

皆さんが挙げたように、こんなにたくさんの証拠はある。けれども、決定的には書いてない！

そこが、こういったファンタジー作品の面白さなんですね。

本作品における〈作品の価値や魅力〉については、子ども自身にまとめさせるのではなく、このように「ファンタジー」としての面白さを教師が説明して終えるということで良いであろう。

ところで、少し高度になるが、次のようなオプションの発問も用意できる。

発問②　**ちょうちょが化けたのは、「おかっぱの女の子」でしたか。「夏みかん」でしたか。**

【夏みかんに変身】という解釈を少し補足しよう。

S10…本文に「まほうのみかんと思うかな。なにしろ、ちょうが化けたんだから。」とあるからです。

S11…本文に、「松井さんは、その夏みかんに白いぼうしをかぶせると」とあります。逃げたちょうの代わりに「夏みかん」を置いたのだから、それを見たたけおくんは、ちょうが夏みかんに化けたと思うはずです。

この作品の最も面白いところは、「ちょうちょが、女の子に化け、そして最後には、夏みかんにも化けた」ところにある。この二重に化けた構造の面白さにも子どもに気付かせたい。

子どもには、次のように語りたい。

「「松井さんは、ちょうちょがおかっぱの女の子に化けた」と思っている。たけおくんは、「ちょうちょが夏みかんに化けた」と思うかもしれない。ここが、この作品の面白さなんだよね。次は何に化けるかな。」

発問③ **松井さんが、ちょうちょを逃がしてしまったこと、そしてその代わりに夏みかんをおいたことは、よい行動でしたか。よくない行動でしたか。**

（指示）「本文に「……」と書いてある。もし、……なら、……だ。だから……」という文で答えなさい。

【よい行動だった】例

S1…**根** 本文に「松井さんには、こんな声が聞こえてきました「よかったね」「よかったよ」」とあります。

理 もし、よい行動でなかったとしたら、たけおくんの「だれだよ、ちょうちょを逃がしたのは！」という怒った声が聞こえてるはずです。

解「よかったね。」と松井さんに聞こえたのだから、よい行動だったと思います。

※以下〈解釈〉部分は省略する。

S2…根　本文に「おどるようにとんでいるちょう」とあります。助けられて戻ったちょうと、その仲間が、喜んで「おどるようにとんで」いたのだと思います。

理　もし、よい行動でなかったら、ちょうちょの飛んでいる姿を「おどるように」とは書かないはずです。

　また、松井さんには「おどるようにとんで」見えたということかもしれません。

【よい行動ではなかった】例

S3…根　「本当だよ、本当のちょうちょがいたんだもん。」とたけおくんが言っています。

理　たけおくんは、ちょうちょを捕まえたことがとてもうれしかったんだと思います。もし、うれしくなかったら、「本当の」なんて言わないからです。そのたけおくんは、ちょうちょが夏みかんになってしまって、がっかりしていたと思います。

解　たけおくんをがっかりさせたのだから、よい行動とは言えません。

S4…根　「お母さんの手を、ぐいぐい引っぱってきます。」とあります。

理　それほどたけおくんはうれしかったんだと思います。そのたけおくんは、ちょうちょがいなくなって、とてもがっかりしたんです。

S5…理　「夏みかん」が入っていても、子どもはうれしくないと思います。ちょうちょを捕まえたことがうれしかったんだと思います。

◎この発問での話合いの着地点例

この話合いの後は、次の教師言で締めくくる。

説明　ちょうちょから見ると「よい行動」であり、たけおくんから見ると「よい行動ではなかった」ということですね。こういうのを、「立場によって見方が変わる」または、「視点によって見方が変わる」といいます。あなたから見るとよいことでも、他の人から見ると、よくないことってありますよね。あなたはよいことをしたとしても、友だち、お家の人、先生はよくないと言ったこと……、ありますよね。

その逆に、友だちにとってよいことでも、あなたから見ると困ることもありますよね。こんなふうに、世の中の「よいこと」と「悪いこと」は、見る人によって違うんですよね。

ここでは、松井さんの耳に「よかったね」「よかったよ」と聞こえたところが一番、大事です。というのも、この作品の視点人物は松井さんだからです。松井さんは、よいことをしたと満足しているということです。その〈根拠〉として、もう一つ探せますか。

そう、「車の中には、まだかすかに、夏みかんのにおいが残っています」で終わっています。松井さんは、満足しているんですよね。夏みかんのよいにおいが残っているのですから（後略）。

（指示）　では、感想をまとめましょう。

3 「ごんぎつね」（新美南吉）（小学四年）

発問① **兵十に撃たれたごんは、本当にかわいそうなんですか。いたずらをしてきた結果として、撃たれたのは、仕方ないのではないですか。**

（指示）〈根拠〉と〈理由〉と〈解釈〉をセットで答えなさい。

【かわいそう】

S1…**根**〈根拠〉は、ごんが兵十にいたずらをする場面ですが、「ちょいと、いたずらがしたくなったのです。」とあります。ごんは、計画をして兵十に嫌がらせをしようとしていたのではありません。ちょっとした出来心でやっただけです。

理 もし、「計画的に兵十に嫌がらせをしていた」のなら問題です。

解 だけど、「ちょいと」したことで、銃で撃たれるなんて、かわいそうです。

S2…**根**〈根拠〉は、ごんが「ちょっ、あんないたずらをしなけりゃよかった」と言っているからです。ごんは、自分のしたいたずらを反省しています。

理 もし、反省していなかったら、かわいそうとは思いません。

解 だけど、反省しているのに撃たれたのだから、かわいそうです。

S3…**根**〈根拠〉は、「ごんは、うなぎのつぐないに」とあります。ごんは、兵十につぐなおうとしていたのです。

理 もし、ごんがまだいたずらばかりしていたのなら仕方ないけど、

解 つぐなおうとしていたのだから、かわいそうです。

S4…根 「次の日も、その次の日も、ごんは、くりを拾っては兵十のうちへ持ってきてやりました。」とあります。

理 一回や二回でなく、何回もごんはつぐなおうとしています。これはごんが改心したという〈証拠〉です。きっと、いたずらも止めたと思います。もし、まだいたずらをやめていなかったら撃たれても仕方ないけど。

解 改心したのだから、かわいそうです。

S5…根 「ごんはひとりぼっちの小ぎつねで」とあります。

理 もし、ごんが家族と住んでいて幸せに暮らしていたら、こんないたずらなどしていなかったと思います。

解 ごんは村人と友だちになりたかっただけです。友だちになるための方法を知らなかっただけです。だから、いたずらが〈理由〉で撃たれたのは、かわいそうです。

S6…根 ごんは、いわしを兵十の家に入れた時に「いいことをした」と言っています。めに良いことをしようとしているということです。結果としては兵十に迷惑を掛けましたが。

理 これから、良い行いをしようとしているのに、解 撃たれたのは、かわいそうです。

S7…根 〈根拠〉は、兵十が、「ごん、おまえだったのか、いつも、くりをくれたのは。」と言って、「火なわじゅうをばたりと落とし」たからです。

理 もし、兵十が、「やっと仕留めたわい。いたずらきつねめ。」と言っていたら、兵十がまだごんを憎んでいたことになるけど、「火なわじゅうをばたりと落とし」たのだから、兵十は、「しまった。」

　　　　解 と思ったにちがいありません。
S8…**根** だから、兵十もかわいそうなことをしたと思っていると思います。
　　　理 同じ〈根拠〉です。
　　　解 私たちがかわいそうと思うかどうかは、兵十がどう思っているかで考えたほうが良いと思います。
　　　兵十がかわいそうだと思っているのだから、
S9…**根** やっぱりかわいそうだと受け取るのが自然の読みだと思います。
　　　理 「青いけむりが、まだつつ口から細く出ていました。」とあります。
　　　解 もし、このけむりが「緑色」や「桃色」だったら、めでたし、めでたしといった感じの終わり方になる。でも、青い色をしている。
　　　青い色が、なんだかかわいそうなごんを表しているみたいです。

【仕方ない】

S10…**根** 〈根拠〉は本文に、「夜でも昼でも、辺りの村へ出てきて、いたずらばかりしました。」とあります。
　　　理 もし、いたずらが一回だけならともかく、「いたずらばかり」していたのだから、
　　　解 村人たちのうらみを買っていても仕方ないと思います。ごんが撃たれて良かったと思う村人だって、いるはずです。
S11…**根** その次には、「畑へ……、火をつけたり、むしりとったり、いろんなことをしました。」ともあります。
　　　理 「火をつける」くらいだから、そのいたずらは普通ではありません。放火は、人の命を奪う危険がある、とても重い罪です。
　　　解 そんな悪いことをしていたくらいだから、仕方ないと思います。

3　「ごんぎつね」（新美南吉）

S12…根 「(兵十の)おっかあは、死んじゃったにちがいない。ああ、うなぎが食べたいと思いながら死んだんだろう。」とあります。

理 死ぬ間際のおっかあを喜ばせようとした兵十の気持ちを考えると、兵十こそが、かわいそうです。もし、おっかあが死ぬような時でなかったら、撃たれたごんがかわいそうだけど、おっかあの最期に喜ばせてあげることができなかったんだから、

解 兵十がごんを撃ったのは仕方ないですし、つぐなったごんを撃ってしまった兵十こそが、やっぱりかわいそうだと思います。

S13…反 でも、これはごんが、勝手にそう思いこんでいるだけで、本当に兵十のおっかあが、「うなぎが食べたい」と言っていたかどうかは分からないので、〈根拠〉にはならないと思います。

S14…根 「おかげでおれは、ぬすびとと思われて、いわし屋のやつにひどい目にあわされた。」とあります。

理 ごんのせいで兵十は「盗人」にされてしまいました。これは、濡れ衣です。いわし屋は、あちこちで、「兵十は盗人だ」と言いふらすことでしょう。それでは、兵十もたまったものではありません。ごんを仕留めて、盗人は「ごん」であったと言えば、自分の潔白さは証明できるとも言えます。

解 だから、ごんが撃たれたのは仕方ないですし、これで、「自分は盗人ではなかった」ということをいわし屋に主張できます。

S15…反 すでに、たくさんのいたずらをしていたごんだから、もう村人も、犯人はごんだと分かっていたと思います。兵十が後ろ指を指されるようなことを日頃からしていたら別だけど。だから、敢えてここで自分の無実を証明する必要はないと思います。

S16…根 ごんは、「おれがくりや松たけを持っていってやるのに、そのおれにはお礼を言わないで、神様にお礼を言うんじゃあ、おれは引き合わないなあ。」と言っています。

理 もし、本当につぐないをしようとしていたのなら、こんなふうには思わないはずです。これは本当のつぐないではありません。「お礼を言われる」ためにやっていたのだから。

解 「おれは引き合わないなあ」と言っているくらいせこい根性をしているのだから、こういう結末になっても仕方ないと思います。

S17…根 ごんは今まで、「物置の入り口」にくりを置いていました。ところが、最後の場面は、「うら口」から家に入って、「土間」にくりを置きにいきました。

理 これはとてもリスキーな行為です。兵十は、「物置でなわをなって」いたのですから、物置の入り口に置いておけば良かったんです。もし、家に入らなければ、撃たれなかったんです。土間に置こうとした行為が浅はかなんです。ここには、「自分の存在を認めて欲しい、お礼を言われたい。」というごんの気持ちが見え隠れしています。

解 そんなちんけなつぐないをしているごんだから、撃たれたのも仕方ないと思います。

S18…根 また、ごんは家に入ってから、すぐには家を出ていません。ごんを見つけてから兵十は、「なやにかけてある火なわじゅうを取って、火薬をつめ」ています。これはとても時間のかかる行動です。

理 火なわじゅうを取って、火薬をつめている間、ごんは何をしていたのでしょうか。ごんは、「神様のしわざ」だと思われるのが嫌で、家の中をふらふらしていたと考えるべきです。もし、さっさと家を出ていれば撃たれることはありませんでした。

解 これでは撃たれても仕方ないと言えます。

そして、つぐなおうとしていたごんに気付いて、そのごんを撃ってしまった兵十こそが、本当に一番かわいそうなんです。お母さんに死なれ、盗人扱いされ、そして、そのつぐないをしようとしたごんを自分の手で殺してしまった。災厄が二重にも三重にも重なって兵十に降りかかっています。

ごんは、ある意味仕方ないところがありますが、兵十こそがかわいそうです。

S19…**反** 「神様のしわざ」だと思われるのが嫌で、ふらふらしていたのでしょうか。一人ぼっちのごんは、一人ぼっちになってしまった兵十の友だちになりたくて、または兵十を慰めたくて、兵十の前に分かるように現れたのだと思います。だとしたら、やはり、兵十だけでなくごんもかわいそうだと思います。

S20…**反** 兵十に、「ごん、お前だったのか……」と声をかけられて、ごんは、「ぐったりと目をつぶったまま、うなず」いています。二人はここで心が通い、ごんは、自分の気持ちが兵十に通じてうれしかったのではないでしょうか。

S21…**反** だからこそ、「神様のしわざ」と言っていたごんは、兵十と心が通い合い、天国に昇ることで文字通り「神様」になったと言えるのではないですか。

説明 どうやら、決定打はなく、「撃たれたごんは、かわいそうだ」とも言えますし、「撃ってしまった兵十は、仕方ない」と言えますね。

この作品は、小学校四年生のすべての会社の教科書に載っています。ということは、日本中の小学校四年生が読んでいる作品だということです。

発問② **この作品の素晴らしさは、どこにあるのでしょうね。**

(指示) 今までの話合いをもとに、あなたの考えをまとめましょう。

◎この発問での話合いの着地点例

この授業は、「罪と償い」という大きく重いテーマを扱っている。上記の〈理由〉は刑事裁判の観点に一致する。つまり、ごんのいたずらに対する、「被害の大きさ」「動機」「計画性」「習慣性」「加害者の生育歴」「改心の度合いや更生の期待度」「つぐないの行為と改心の関係」といったものが、罪や量刑を決める判定材料になるのである。

鍛えた中学生であれば、ここに挙げた意見の2／3ほどの意見は挙がるであろう。

テーマからして、この授業は中学校の道徳の授業でも活用できよう。

しかしながら、命が一つ失われたことに対して、「仕方がない」と言うことは、道徳的に不適切である。撃たれたことは仕方ないとしても、命が失われたことに対して「仕方がない」というのは過激である。

したがって、この話合いの後には、次のように釘を刺しておかねばならない。

「どんな〈根拠〉や〈理由〉があったにせよ、一つの尊い命が亡くなったのですから、それについて「死んだのは仕方がない、当然だ」と言ってはいけません。

どんな悪人の命であっても、天から授かった大切な命なのですからね。

ごんが兵十に撃たれたのは、悲劇には違いありません。

ただ、ごんが今までしてきた罪の重さは考えておかなければなりません（後略）。」

このような話が、心に入らない学級であれば、この発問は避けたほうが無難である。

教師のこの話をきちんと受け止められる学級であれば、考えるに値する課題である。

というのも、罪と償いの問題を考えておくことは、子どもの実生活に対しても少なからぬ良い影響を与えることが期待できるからである。ギャングエイジである子どもたちは、日々、様々な事件を起こして、親や教師からの免罪を乞うていることであろう。

このくらいの年齢の子どもたちは、「何度やったら気が済むんだッ。」という父親からの叱責や、「本当に反省しているの。」という母親からの詰問を受けることはよくあることであり、これは罪と罰の「習慣性」「改

3 「ごんぎつね」（新美南吉）

心の度合い」に関連している。この罪と罰の問題は、実生活に繋がる。

また、社会的視点で見ると、近年、裁判員制度が開始された。罪と罰に対する社会的関心は高まっている時代である。「ごんぎつね」でのこの発問は、裁判について知る初歩的な授業としてうってつけである。

さて、この発問を授業で行うと、子ども全員が「かわいそう」と答える公算が高い。そうであった場合は、教師が「仕方ない」といった〈根拠〉と〈理由〉を二つほど挙げて、子どもを揺さぶりたい。

「え〜、本当にそうかな。○頁の○行目を見て。ごんは、「野へ火をつけ」ているんだよ。これ、今でいう放火だよね。放火は罪のない人の命を奪う危険性の高い大罪だよ。こんなことしたら、撃たれても仕方ないんじゃない。こういうのを自業自得っていうんだよ。」

子どもは困った顔をするに違いない。

小学四年生に対して、この話合いをまとめるとすると次のように言うと良いであろう。

説明　一つの尊い命が亡くなったことを仕方ないと言ってはいけませんね。これは悲しい出来事です。悲劇です。ただ、ごんがしてきたのはいたずらとはいえ、かなり悪質です。人に迷惑を掛けることを続けていると、それなりの報いがあるのは、仕方のないことです……。みなさんも、もう四年生です。人に迷惑を掛けることを続けていると、それなりの報いがあることを知っておきましょうね。

さて、そういった道徳的な問題は、実はこの作品の大事なところではありませんよね。

新美南吉さんの生い立ちを話しましょう。作者は幼い頃、お母さんに死なれています。そして、継母に育てられるのですが、しばらくして実家に帰り祖母に預けられました。そんな作者の生い立ちは、一人ぼっちのごんと、どこか重なりますね。この作品は、一人ぼっちのごんと一人ぼっちになった兵十が、心を通わせようとしたお話でした。

しかし、その兵十の手でごんは命を落としてしまうんですね。なんとも切なく悲しい話です。ごんの気持ちのすべてが兵十に理解されたかどうかは難しいところですが、天に召されたごんは、「神様」のしわざと兵十が言っていた文字通りの「神様」になったのでしょう。
『ごんぎつね』は、すべての教科書に載っている作品ですので、日本中の人たちが読んでいます。日本中の人が知っている作品は、とても少ないんです。私たち日本人に古くからずっと愛されている名作です。

◉注

＊ここに挙げた解釈は、以下の三つの模擬授業での参会者の発言と以下の論文の解釈を参考にした。
- 二〇一〇年一二月八日上越教育大学大学院
- 二〇一一年二月七日上越市立和田小学校校内研修
- 二〇一一年一一月一六日新潟大学教育学部　授業「教育実践研究Ⅱ」
- 西郷竹彦　一九六八『教師のための文芸学入門』明治図書
- 鶴田清司　一九九三『『ごんぎつね』の〈解釈〉と〈分析〉』明治図書
- 府川源一郎　二〇〇〇『『ごんぎつね』をめぐる謎』教育出版
- 斎藤寿始子　一九七三「新美南吉」古田足日編『日本の児童文学作家1』明治書院

＊この発問は、以下で発表している。
- 佐藤佐敏　二〇一一「解釈の質はどのように分析できるのか―「ごんぎつね」における解釈の豊かさ、鋭さをめぐって―」新潟大学国語国文学会発表資料
- 佐藤佐敏　二〇一一「解釈の質は分析できるのか―「ごんぎつね」における解釈の深度をめぐって―」全国大学国語教育学会編『国語科教育研究』二四三―二四六頁
- 佐藤佐敏　二〇一二「既有知識が解釈の深度に与える影響―「ごんぎつね」における解釈をめぐって―」『新潟大学教育学部紀要』Vol.5　No.1　一一―一九頁

4 「竜」（今江祥智）（小学六年）

発問① **三太郎は、この出来事において、成長したと言えますか。言えませんか。**

（指示） 〈根拠〉と〈理由〉と〈解釈〉をセットで答えなさい。

【「成長した」と言える】

S1…**根** 「龍神様とたてまつられ」たとある。
理 竜が、龍神様になったということだ。
解 神様になったのだから、成長したと言える。

※以下〈解釈〉部分は省略する。

S2…**根** 前は、「どじょう」だった。それが「神様」になった。
理 これは昇格したということだ。

S3…**根** 「竜大王が見回りに来たとき、ちっとは申しわけも立とうというものだ」とある。前に竜大王が来た時は、「しかたなしに、ぽっちりと鼻先を突き出」しただけだった。
理 もし、鼻先を出しただけなら変わっていない。成長したから、飛び出して大雨を降らせた。

S4…**根** 「田畑一面に大雨を降らせた。」とある。
理 もし、成長してなければ、ずっと沼でくすぶっていたと思う。成長したから、村人を助けることができたんだ。

S5…**根** 「日照り続きに頭をかかえていた」百姓たちを助けた。

理 もし、単純に、空を飛んだだけなら成長したとは言えない。でも、人助けをした。

【「成長した」とは言えない】

S6…**根** 「怪我の功名とはいえ」と書いてある。

理 大雨を降らせたのも、百姓たちを助けたのも、「龍神様とたてまつられ」たのも、すべて偶然でしかない。自分のやった行動が偶然、人の役に立ったとしても、

解 それは成長したということにはならない。

S7…**根** 「体じゅう、藻だらけ、水ごけだらけ。ぬるぬるねちねちして、気持ちの悪いことおびただしい」から、沼から飛び出しただけのことだ。

理 沼から飛び出したのは、百姓や村人を助けようとした行動ではなかった。

S8…**根** 村人たちがいなくなってからも、「それでも用心深く、夜半になってから、そろそろそろと鼻先を突き出した。」とある。

理 用心深いにもほどがある。

S9…**根** 沼から飛び立つ直前、三太郎は、「とうとう心を決め」てからなお、「それから三日」もたってから、沼から飛び出している。

理 もし、成長していれば、心を決めてからすぐ飛び立つはずだ。「それから三日」もたっている。

S10…**根** 龍神様とたてまつられてからも、三太郎は、「そう思うと、ほおを赤らめ、気の弱そうな苦笑いを浮かべて」とある。神様になってからも、「気の弱そうな苦笑い」をしているくらいだから、

解 成長したとは言えない。

理 もし、成長していたら、「気の弱そうな」でなく、「気の強い」と言っていい。

4 「竜」(今江祥智)

◎この後の話合い

S11…根　本文には、「気の弱い」とは書いてない。「気の弱そうな」だから、「気が弱い」わけではない。本文二行目には、「三太郎は、ほんとに気が弱くて」と書いてある。このほか、「気の弱い」という表現は二箇所ある。

理　それが、「気の弱そうな」に変化したのだから、

理　いくらかは成長したと言っていい。

S12…根　「苦笑いを浮かべて」の後には、「ああんと一つ、小さなあくびをして考えた」とある。前は、「そんな三太郎がときどきつくため息」とある。前は、「ため息」をついていたのに、今は、「あくび」ができるようになった。

理　もし、成長していなければ、相変わらずため息をついていると思う。「あくび」というのは、心の余裕と言える。

S13…根　前には、「三太郎は、……ひっそりと息を殺して、上の様子をうかがっておった。」とあります。

理　「息を殺していた」のは、村人たちに見つかりたくなかったからです。「あくび」をすれば、やはり村人たちに騒がれます。なのに、その「あくび」を殺していません。これは心にゆとりが出たしるしです。

S14…根　「三太郎のあくびは、きれいな緑色のあぶくになって、ゆっくりと沼の中を上がっていった。」とある。

理　この「緑色」というのは、どこか平和で穏やかな感じがする。ちょっと大きく構えていると言おうか、心が大きくなったと言おうか。

S15…根　同じ箇所だが、「きれいな」とあるし、「ゆっくり」とある。

理 これらの形容も、心のゆとりが感じられる。
解 成長したと言っていい。

◎この発問での話合いの着地点例

この発問は、「成長するということの定義」をどう捉えるかによって、「成長した」とも言えるし、「成長したとは言えない」とも言える。「無意識のうちに行動したことの効果によって心の持ちように変化が起こったこと」を「成長したかどうか」で解釈して良いかどうか、ここに関心が集まると、話合いは泥沼にはまる。

教師は、さらっと、「無意識のうちに行動したことが、思わぬ効果を生むということって、確かにあるよね。それを成長と捉えるかどうかは、さておいて、違った観点からこの問題に決着を付けられないかな。」といった話合いの舵取りをする。

ここに挙がった〈根拠〉と〈理由〉の中で、最も説得力のあるものはどれかと尋ねるとS12になるであろう。この〈根拠〉と〈理由〉の良さは、「似た事象を対比し、その差違に意義付けをしたこと」にある。「ため息」も「あくび」も、どちらも体内にあるガスを体外に放出した行為であり、類似した行為に見える。しかしながら、その行為をする時の心の持ちようには雲泥の差がある。

実際、ここに教室内の誰かが気付き発言をすると、拍手が起きたり、賞賛の声が挙がったりする。「一見したところ類似したように見えるものにおける差違の大きさ」に気付くかどうかは、〈読みの力〉の差違を雄弁に物語る。

S12の発言が出たところで、「似た事象を対比し、その差違に意義付けができることは、スゴイことだね。」と補足説明しておきたい。

次に、ここで説得力のある解釈は、S14の色にかかわる着眼点である。この「色」への着眼は、様々な解釈に対して応用範囲の広い〈読み〉の武器となる。この〈読み〉の武器をもつと、違った作品を読むときにも活用できる。

また、S15のように「きれいな」や「ゆっくり」といった形容詞や副詞にまで着目できると、読み取りの幅もおおいに広がる。

「このような修飾語は、とかくさらっと読んでしまいがちになるけど、立ち止まって、拾い出せると素晴らしいね。」と褒めておきたい。

発問② **では、この作品の面白さはどこにあるのでしょう。**

(指示) ノートにまとめましょう。

◉――注

＊初出は以下のとおりである。

・佐藤佐敏　一九九四「学力向上を目指した発問の工夫」新潟県中学校教育研究協議会編『新潟県中教研三〇周年記念誌』一〇頁

第4章

実践編

中学校実践

1

「扇の的」―『平家物語』より―　（中学二年）

発問①　与一は、扇を射る前に、扇を射切る自信がありましたか。自信があったとは言えませんか。

【「自信があった」と言える】

S1…**根**　引き受けたから。
理　もし、自信がなければ断るはずだ。
解　結局引き受けたのだから、自信があった。

S2…**根**　「自害して人にふたたび面を向かふべからず」と覚悟を決めているから。
理　死ぬ気でやろうとしているから、
解　自信があったと言っていい。

※以下、〈解釈〉部分は省略する。

S3…**根**　「かぶらをとってつがひ、よつぴいてひようど放つ」とある。躊躇しないで矢を放ったから。
理　もし、自信がなかったら、「よく引き絞る」余裕もなかったと思うので、もっと頼りない描写になっていたはずだ。この描写は、自信に溢れている。

S4…**根**　「浦響くほど長鳴り」するくらい、思い切り矢を射たから。
理　もし、自信がなければ、浦響くほどの矢を放つことはできなかったと思う。野球場でホームランを打った打球の音が、球場に響いている感じがする。それくらい自信に満ちた表現だ。

S5…**根**　「飛ぶ鳥」を射切るほどの腕前をもっているから。

理　止まっている物を射るのではなく、飛ぶ鳥を射るというのは相当の腕前だ。

S6…根　「扇の要ぎは一寸ばかりおい」たところを射切るくらいの腕前をもっていたから。

理　自信がなければ、こんなにも正確に射ることができるわけがない。野球で言えば、外野フェンスの近くからノーバウンドでキャッチャーミットにストライクを投げるようなものだ。これはプロの凄い技術だ。

S7…根　次の「黒革をどしの鎧を着た男」も一発で仕留めるくらいの腕前をもっているから。

理　一回ならず二回連続で命中するなんて、自信がなければできない。

S8…根　「風も少し吹き弱り、扇も射よげにぞなったりける」とある。

理　これは与一の視点から描写されている光景だ。最初は、「をりふし北風激しくて、磯打つ波も高かりけり」だった。この描写の移り変わりは、与一の心情が落ち着いたことを表現している。つまり、描写と与一の心情が重なっているということだ。

解　最初は自信がなかったが、射る直前には、自信を取り戻したと言える。

【「自信があった」とは言えない】

S9…根　一度断ったから。

理　もし、自信があったのなら、最初からチャンスと思ってやるはずだ。

解　自信はなかった。

※以下、〈解釈〉部分は省略する。

S10…根　「南無八幡大菩薩……」と神様に祈っているから。

理　もし、自信があれば神様に祈らず、さっさと挑戦しているはずだ。

S11…根　「沖には平家……、陸には源氏……、いづれもいづれも……」とある。

1　「扇の的」—『平家物語』より

理 平家と源氏の両方から見つめられた状況で、プレッシャーを感じないはずがないから。プロ野球の選手がワールドクラシックという特別の場で緊張することがあるように、また、日本代表のサッカー選手がワールドカップで頰を紅潮させるように、どんな腕前があっても、常に自信満々でいられるわけがない。少なくとも、与一は若く、場慣れしているようには見えないし。

S12…**根** 八〇メートルも離れたところの扇を射ること自体が至難の業。

理 八〇メートルというのは、野球場のホームベースから外野席近い。しかも、波があれば、扇も揺れている。そんな状態で的を射るなんて無理だと思うはずだ。

S13…**根** 馬を海に乗り入れて射ようとしている。

理 もし、自信があったら、その場で射ても言い。「少しでも近づいて射ようとしている」ことが、自信のなさの現れだ。

発問② さて、みんなの意見を聞いた中で、最も説得力のある〈根拠〉と〈理由〉と〈解釈〉のセットは、どれだろうか。

〔指示〕 ノートに書き写しなさい。

◎この発問での話合いの着地点例

ここで最も論証力の強い解釈は、S8である。〈読み〉の方略として汎用性があるからである。「北風激しく、磯打つ波も高かりけり」というのは、与一の心の動揺が、そのまま情景にシンクロされている部分である。その後、与一は神様に祈り、心を落ち着かせた結果、「風も少し吹き弱り、扇も射よげにぞなつたりける」と与一の目に見えたということである。

ここでは、与一の視点で、この描写が描かれているということ、そして、与一の心情が描写の形象を通して語られていることの二つを押さえることができる。

ここで、視点と描写の形象を読み解くという〈読み〉の方略を教えることができるのである。

すると、子どもたちは、今後の作品の〈読み〉において、その情景が誰の視点から語られているのかを読もうとする。また、情景の描写が登場人物の心情と重なるように描かれているということを〈読み〉の方略として活用しながら作品を読もうとする。

例えば、「故郷」（魯迅）における、冒頭の「鉛色の空」といった描写は、主人公の視点で書かれていて、かつ主人公の沈んだ心情と重なっているというように、子どもは、この〈読み〉の方略を活用していくのである。

ところで筆者は、本実践を新潟県長岡市の教員約八〇名の前で授業を公開した。初対面の子どもを相手として行う飛び込み授業である。この課題の意図は、古典の面白さを味わわせることと、右記のとおり、〈読み〉の方略の一つを教えることにあった。この公開授業では、〈根拠〉と〈理由〉をセットで答えるという授業スタイルに慣れてない子どもたちであったが、大勢のギャラリーに囲まれてモチベーションが高まったのか二〇人以上の子どもが〈根拠〉と〈理由〉をセットで発言した。「〇〇という生徒は指名するとパニックを起こしますので指名しないでください」と事前に言われていた子どもまで、自分からすすんで前に出てきて発表する場面もあり、授業をしていた筆者は、「子どもというのは場を与えてあげれば頑張るものなのだなぁ」と感激して彼らの活躍の舵取りをした。

しかし、授業後のシンポジウムの席上で、参会者から次のような厳しい指摘を受けた。

「扇の的では、命懸けで弓を射るという武士の心意気を教える必要がある。与一の姿には、日本の武士道

1　「扇の的」—『平家物語』より

に通ずる意気込みや、失敗は即一族の磊落にあたる悲壮感がある。そういった武士道を教えないで、「自信があるかないか」などということを聞いても意味がない。」

いささか挑戦的かつ激情的な発言であった。が、納得するところもある。そういった解釈もあるだろう。読者の中にも同様の異議をもつ方がいることを想定して、少し筆者の見解を補足したい。

筆者は次のように考えている。

武士としての歴史の浅い『平家物語』の与一の姿で、武士道やサムライ魂を語ってよいのか……という疑問である。『平家物語』が歌舞伎や能の世界で好んで伝えられている場面は、「扇の的」ではない。言わずと知れた「敦盛の最期」や「壇ノ浦」である。武士としての生き様を描くことでなく、おごれる貴族が衰退していく様を描いているのが『平家物語』である。広く親しまれてきたのは、戦の最中でも腰に笛を携えていた敦盛の悲哀であり、「見るべきほどのことは見つ」と言って入水した知盛入道の達観した無常観であった。『平家物語』のテーマは、興隆を遂げる源氏の姿にはなく、扇を射切られたにもかかわらずそれを称える平家の姿にある。そもそも、源氏方が主役となっている「扇の的」は『平家物語』の本流に位置していない。この場面をもって武士道であるとかサムライ魂の真髄を教えられると考えるほうが、おこがましいのではあるまいか。『平家物語』は確かに戦物語であるとか、軍記物語の一つに数えられているものの、武士道としての真髄をこの場面で語るには、筆者は気が引ける。

再度確認させていただくが、この発問は〈作品の価値〉に気付くことを目的としたものではなく、先に記したように〈読み〉の方略を教えることを目的としたものである。そして、その方略は他の作品を読む際にも転移することが期待されるという種類の発問である。発問の趣旨を汲んでいただければと思う。

さて、では、この作品はどう読めば良いのであろうか。『平家物語』の作品としての〈魅力〉や〈価値〉をどのように子どもに伝えたら良いのか。それは発問①の流れを汲む次の発問③で明らかにしよう。

発問③「黒革をどしの鎧を着た男」を「射よ」と判官に命じられた時、与一は、嫌々引き受けたのでしょうか。嫌々引き受けたわけではないのでしょうか。

【嫌々引き受けた】

S14…根「御定ぞ、つかまつれ」とある。
理 こんなふうに判官に命令されたから矢を放っただけだと思う。
解 本当は人まで射ようとはしていなかったと思う。

※以下、〈解釈〉部分は省略する。

S15…理 もし、判官が「御定」をつかまつらなければ、また、伊勢三郎義盛がそれを与一に伝えなければ、自分からその黒革をどしの男を射ようとはしなかったはずだ。最初から射るつもりがあったわけじゃないから。

S16…根「感に堪へざるにやとおぼしくて」とある。
理 黒革をどしの男は、与一の腕前に感激したからこそ、踊ったのだと思う。それを喜んで射るなんてことはありえない。

S17…根「感に堪へざるにやとおぼしくて」というのは、感激しただけでなく、「お見事!」という評価の意味であり、その腕前に対する返礼として踊ったということだ。それを無碍に射るなんて、おかしい。
理 もし、喜んで射たとなると与一は変な奴だ。

S18…理 しかも、扇を射るのと違って人を射るのだから、射殺すことになる。それを嫌々でなく、やれるわけがない。

1 「扇の的」―『平家物語』より

【嫌々引き受けたわけではない】

S19…根 「御定ぞ、つかまつれ」と言われてから、与一が、辞退したり躊躇したりした様子が一言も述べられていない。

理 もし、射ることが嫌であったら、ためらう表現や、お断りする表現が、ここに一言入ってもよいはずだ。その表現が一言もない。

解 だから、別にそんなに嫌な気持ちではなかったんだと思う。

S20…根 扇を射る時は、「かぶら矢」を使った。この「かぶら矢」は注によると、「合戦の合図の時に使う矢」であるらしい。「今度は中差とつてうちくはせ」とある。「中差」というのは、戦において、人を射殺すために使う矢だそうだ。

理 与一は、かぶら矢を使っていない。中差を敢えて選んでいる。ということは、明らかに与一に殺意があったと解釈できる。

解 殺意が感じられるのだから、与一は、嫌々引き受けたのではなく、それどころか、明らかに殺すつもりで射たと言える。

S21…反 それでは、与一は非情冷徹な人間じゃないか。扇を射た英雄じゃなくて、残酷な悪人だ。

S22…そうとも言える。けれども、ここは、平家と源氏の戦に対する姿勢の違いと受けとめる必要がある。つまり、戦にあって平家は、貴族としての遊びごころを捨てきれていないで、扇を出して射よと言ってみたり、戦の最中なのに、踊りを舞ったりした。これは優雅な貴族の遊びごころそのものだ。一方、源氏は、貴族としてそれを受けとめていない。「かぶら矢」は合戦の烽火であった。源氏は貴族ではなく、武士そのものだったのだ。だから、ここは遊びごころで優雅に振る舞う場面ではなく、あくまで戦の一場面と与一が考えたのもおかしくない。

そもそも、「これを射損ずるものならば弓切り折り自害して」と言っているくらいなのだから。だから、与一が非情冷徹と解釈するのではなく、ここは、貴族としての平家、武士としての源氏が、最も象徴的に表現されている一場面だと解釈するのが妥当だろう。

もう少し付け加えると、空に舞った扇は、これから時代の中枢に舞い上がる源氏の姿を表しているし、白波の上に漂う扇は、滅亡へと向かう平家の姿を表しているとも言える。

◎この発問での話合いの着地点例

本項では、S22の発言に話合いの着地点を凝縮させて述べた。

この発問は、与一の心情を考えさせるだけでなく、この作品の主題にも通ずる発問である。S22に迫る解釈を期待したい。「かぶら矢」と「中差」の相違については、〈根拠〉として是非とも子どもに気付かせたい。こういった細かい描写を〈根拠〉として挙げることができるかどうかこそが、〈読みの力〉そのものである。学級内に、一人くらいは黙っていてもこういった表現に着目する子どもはいよう。そういった子どもの数を増やすことができるかどうか、それこそが〈読みの力〉を高める授業である。

学級の実態によっては、発問①と発問③の間に次の発問を挟むとよい。

「扇は、源氏から見ると、何を象徴していると言えるでしょうか。また、平家から見ると、何を象徴しているように見えるでしょうか。」この発問は、気付きを問うているので時間を掛ける必要はない。気付く子どもは気付くであろうし、気付かない子どもは、時間を与えても気付かない。既有知識としての平家と源氏の行く末を知っているかどうかにかかわっているからである。

この発問に対する答えは、「『空へぞ上がりける（扇）』は、興隆していく武士としての源氏の姿そのものであり、『海へさつとぞ散つたりける（扇）』は、衰亡していく貴族としての平家そのもの」となる。

1 「扇の的」―『平家物語』より

この発問を挟んだとしても、発問③における解答がおぼつかないこともあるであろう。その場合は補助発問として、「与一は、冷酷な人間なのですね。冷酷だと言ってよいですか。そうとは言えませんか。」と子どもに提示してもよい。この時、発問①での内容「射損ずることなら自害して」という命懸けの与一の決意を想起させると良い。すると、子どもは「待てよ」と考え始める。一度辞しながらも命懸けで扇に向かった心情と、辞することなく射た心情との整合を考えて、「武士として、この場に臨んでいる源氏」が浮かび上がってくるだろう。これは、戦場にあっても扇を出したり、舞を舞ったりしている「貴族としての平家」と見事なコントラストを醸し出している。

なお、これについては、歴史の授業においてどこまで押さえていたかという既有知識の有無が解釈に影響を与える。源平の合戦の概略については、この単元に入る最初の導入で、義経のエピソードを交えて楽しい語りで子どもに伝えておきたい。

そういった布石の上で、この「扇、矢、黒革をどしの男、与一」のそれぞれの描写や言動を「平家と源氏の行く末」という視点から押さえることで、作品の読み取りに深みが出てくる。

〈指示〉 では、これまでの話合いを通して、「扇の的」の良さを、「平家」「源氏」「貴族」「武士」という言葉を使って、まとめなさい。

●――注

＊この発問は、以下で発表している。

• 佐藤佐敏　一九九四「学力向上を目指した発問の工夫」『新潟県中教研三〇周年記念誌』一〇頁

　また、この実践事例は、以下の紀要や論文にて発表した。

• 佐藤佐敏　二〇〇六「共に学ぶ姿のある授業（3年次）」『新潟大学教育人間科学附属新潟中学校紀要第四九号』九―一一頁

●佐藤佐敏　二〇一一「解釈する力を高める話合い―「解釈のアブダクションモデル」に基づく発問と話合い―」全国大学国語教育学会編『国語科教育』第六十九集　一一―一八頁

2 『竹取物語』（かぐや姫が月に帰る場面を含む教材）（中学一年）

竹取物語では、「かぐや姫は、月の世界に戻りたかったのですか、地上に残りたかったのですか。」といった発問や、「かぐや姫は、地上の世界と月の世界のどちらが好きだったのでしょうか。」といった発問が考えられる。しかし、いずれも決定的な〈根拠〉や〈理由〉が見つからない。はじめから月に戻ることを前提として、どこか冷めた交流をしているかぐや姫の言動からは判断が付かないのである。したがって、これらの発問では、「今も昔も変わらぬ人間の真実」といった古典を学習する意味には迫り難い。

この作品では、これまでとは少し違った角度から発問を用意した。

発問　『竹取物語』で描かれている「地上の世界」と「月の世界」を比べます。当時の人々は、どちらが素晴らしい世界だと考えていたと推論できますか。「地上の世界」ですか、「月の世界」ですか。

【「月の世界」を素晴らしいと思っている】

S1…**根**　「不死の病」とある。

理　この時代の平均寿命はかなり低かったと思う。死ななくなる薬が「月の世界」にあるという。

解　月の世界のほうが素晴らしいと思ったと思う。

※以下、〈解釈〉部分は省略する。

S2…根 「天の羽衣」とある。また、「きたなき所の物」とある。
理 地上の人よりも月の世界の人たちのほうが、服装がゴージャスだということだ。
S3…根 「かぐや姫」は、帝をはじめとして、五人の貴公子から求婚されている。
理 これはよほど美人だったということだ。月の世界の人のほうが、地上の人より美しく魅力的だということだ。
S4…根 天の羽衣を着た人たちは、空中を自由に移動している。
理 これは文明からいって凄い。月の世界のほうが科学が進歩しているということだ。当時の人たちは、月に憧れていたのだと思う。
S5…根 多くの兵を集めても、後光が差す月の人々には、まったくかなわない。
理 軍事的な強さからいっても、月の世界のほうが圧倒的に優位にある。

【「地上の世界」を素晴らしいと思っている】

S6…根 天女は、「きたなき所の物きこしめしたれば、御心地悪しからむものぞ」と言っている。
理 これは、とても失礼な言い方だ。差別している。思いやりがない。
解 人としての心根のほうは、地上の世界のほうが良いと思ったのではないか。
S7…根 かぐや姫は、「衣、着せつる人は、心異になるなり」と言っている。
理 この「心」を比較すると、地上の人のほうが豊かなのではないか（そもそもかぐや姫自身が、淡々としすぎている）。人間の世界のほうが情が深い。
S8…根 天人から天の羽衣を着せられたかぐや姫は、「翁を「いとほし、かなし。」とおぼしつることも失せ」た。「物思ひなくなり」とある。
理 月の世界では、「人と別れることの悲しさ」という感情がないらしい。人の心のほうが美しいと当時の人も思っていたのでは。

S9…根 五人の貴公子がかぐや姫に求婚し、命懸けでかぐや姫の難題に挑んだ。

理 これは愚かだとも言えるが、美しいものに心惹かれる様は、どこかチャーミングであり、健気な姿だとも言える。淡々としている月の世界の人たちよりも、人間の世界のほうがいろいろあって楽しい。

S10…根 かぐや姫を「天人具して」行った後、「翁・嫗、血の涙を流して惑へど」とある。

理 翁も嫗も、「血の涙」を流すほど、かぐや姫に愛情を寄せていたのだ。この涙は、素晴らしい涙だ。

解 当時の人たちがどう考えたかは難しいが、少なくとも僕らが読むと地上の世界のほうが素晴らしいように見える。

◎この発問での話合いの着地点例

「当時の人たちは、どう思っていたか」という視点で尋ねると、月の世界への憧れが明確化するであろう。しかし、それにしても、美しいものに憧れる心、いとしい人との別れを悲しむ心といった人の心は美しい。「当時の人たちは」という視点で、「地上の世界が良いと思っていた」という〈根拠〉や〈理由〉が挙げられなかった場合は、ためらわず、「では、皆さんは、どちらが良いと思いますか」と補足発問を投げ掛けると良い。この発問を投げ掛けることで、子どもたちは、人間の心の豊かさに気付くことであろう。

感受性の豊かな子どもの幾人かは、「どこか物質的に豊かになっている現代の私たちは、かぐや姫を連れ去ろうとした天女のように、どこか心が虚しくなっているところもあるのではないか」と感じるであろう。

ここに、「伝統的な言語文化」の中学校一丁目一番地で出会う『竹取物語』を読む意味がある。

説明　『竹取物語』を読むことで、古来から変わらない人間としての姿が確認されましたね。
先生には、「科学が進歩して物質的な豊かさを手にしている私たちは、どこか、ここに描かれた月の世界の人たちに似てきているのではないか」と思えます。様々な痛ましいニュースの報道を見ると、「大切な人としての心」を失っているところがあるようにも思えます。『竹取物語』が、長い長い年月を経て現代に言い伝えられているわけが分かるような気がしますね。

指示　『竹取物語』の作品の良さをまとめましょう。

3 「故郷」（魯迅／竹内好 訳）（中学三年）

発問　主人公の考えや心情が最も変化したのは、次のどの場面だと考えますか。

① 「だんな様！……」と閏土《ルントー》に言われたところ
② 古い家はますます遠くなり、故郷の山や水もますます遠くなるところ
③ 「今自分は自分の道を歩いているとわかった」ところ
④ 「希望という考えが浮かんだので、わたしはどきっとした」ところ

私がリスペクトする中学校の実践家である寺崎賢一氏の〈読み〉の方法をアレンジした発問である。
寺崎氏は、井関義久氏の提唱した分析批評の手法を具現化し、「心の転換点やクライマックス（ピナクル）」を考えることから主題を導き出す方法論を開発した。*1 今では、開発者である寺崎氏の実践を引用せずに、こ

の方法論を授業公開している実践家も多数いる（寺崎氏と長く親交のある筆者としては、出典をきちんと明記した上で自身の実践を語るべきであると強く思っている）。

寺崎氏は、主題把握の方法における一連の展開の中で、この発問を行っている。

寺崎氏の提案する主題把握の方法は、要約すると、次のような流れである（要約の文責は筆者にある）。

1　作品設定（中心人物や対役といった人物像や、場所、時代等の設定）を捉える。

2　クライマックスを捉える（クライマックスとは、中心人物の心情や考えが最も大きく変化したところと定義する）。

3　クライマックスまで、中心人物がこだわっていたこと、そこで失ったこと、そこで獲得したことを明らかにする。すると、それらは作品の中心題材（モチーフ）になる。

4　中心題材（モチーフ）に価値を加えることで中心思想（テーマ・主想）とする。

この主題把握の手法は、大変によくできている。すべての作品に汎用性があるとは言えないものの、小中学校の国語教科書に掲載されている文学作品を幅広くカバーできる手法である。この手法を発見した寺崎氏の慧眼に筆者は敬意を表した上で、追試させていただいてきた。

さて、寺崎氏は、右記の段階を丁寧に追って実践しているのであるが、筆者は、授業時数との関連からアレンジし、簡略化した（この簡略化した方法は、浜本純逸氏の「文学を読む観点」にも類似している[*2]）。

最も大きな心の転換点を考える発問は、寺崎氏の一連の展開の中でこそ活きるのだが、それを承知の上で、この発問を一連の展開の中から抽出し、その上で「作品のメッセージをまとめなさい」と指示を出した。

この流れでも、ある程度、作品価値に迫ることができると考えたからである。

【「だんな様！……」と言われたところ】

S1…根「身震いした」とある。

理 身震いするくらいショックなことは、そうあるものではない。相当なショックだ。

解 ここが一番、変化したといえる。

※以下、〈解釈〉部分は省略する。

S2…根 「悲しむべき厚い壁が、二人の間を隔ててしまったのを感じた。」とある。

理 今まで仲の良かった人と、こんなふうになるなんて、相当悲しいことだと思う。

S3…根 「わたしは口がきけなかった」とある。

理 口がきけなくなるくらいに衝撃的なことは、滅多にない。

S4…根 「閏《ルン》ちゃん」と言った言葉に「だんな様」と返答された。

理 「ちゃん付け」で呼べば、普通は「ちゃん付け」で返すものだ。

S5…根 「だんな様!」に、「!」が付いている。

理 これは、それだけ主人公にとって、「ビックリすること」だったということだ。

S6…根 「兄弟の仲」だったのに、「他人行儀」になっている。

理 兄弟の仲は、月日が経っても普通兄弟のままだ。

S7…根 「感激で胸がいっぱいに」なっていたのに、「悲しむべき厚い壁」が、それを隔てた。

理 感激から一転している。

【古い家はますます遠くなり、故郷の山や水もますます遠くなるところ】

S8…根 「だが名残惜しい気はしない」とある。

理 落ち込んだ気持ちを奮い立たせようとしている。ここで気持ちの整理をしようとしている。マイナスの気持ちをプラスにもっていこうとしているから、ここの変化が大きい。

S9…根 「気がめいる」「これもたまらなく悲しい」とある。

理 「だんな様！」は、一時的なショックを表しているだけだ。ここは、少し落ち着いて、悲しさを噛みしめている。じわじわと感じる悲しみのほうが、一時的なショックより心に痛いものだ。

S10…**根** この場面で、「銀の首輪の小英雄」が、「でくのぼう」に変わったと考えている。

理 昔凄いと思っていた友だちが変わり果てた姿を目にするのは、とても心痛いことだと思う。

S11…**根** 「小英雄のおもかげは……急にぼんやりしてしまった」とある。

理 灰の山からみつけたお椀や皿の話を聞いたことも重なり、故郷を離れるにあたり、故郷のことがすべてどうでもよくなった感じがする。題名も故郷だ。物理的にも心理的にも故郷を離れるのがこだ。

【「今自分は自分の道を歩いているとわかった」ところ】

S12…**根** 「希望をいえば」と書いてある。

理 この前までは、「気がめいる」「悲しい」といった気持ちだったのに、ここから明るくなっている。マイナスの気持ちがプラスに実際に変わった。

S13…**根** ここまでは過去のことを振り返っている。ここから先は、「若い世代」や「新しい生活」のことを語っている。

理 過去から未来へと目線が変化した。

S14…**根** 「自分は、自分の道を歩いているとわかった」とある。

理 ここで、「閏土」や「楊《ヤン》おばさん」といった、他人のことはどうでもいい、ひとはひと、自分は自分と区切りを付けた。そして、自分は自分の道をしっかり歩もうと決意している。ここまでの閏土や楊おばさんは話の種みたいなもので、結局自分が自分の道を歩くと悟ったここが一番大事だ。

【「希望という考えが浮かんだので、わたしはどきっとした」ところ】

S15…根 理 「どきっとした」とある。

誰かに何かされたわけでもないのに、自分の世界で考えている時に「どきっとした」というのは、よほど、大きな発見をしたということだ。

S16…根 理 「閏土の所望したもの」と「自分の希望」が同じことに気付いた。

どちらも同じように、他人に期待しているにすぎない希望だということだ。ここまでは気持ちの変化や、考える際の目線の変化が語られているが、ここでは考えの中身の変化が語られている。

S17…根 理 「歩く人が多くなれば、それが道になるのだ」と希望の中身を理解したのがここだから。

ここまでは、周囲に対して受け身であり、勝手に傷ついたり勝手に落ち込んだりしているにすぎない。そのくせ、自分では何もしようとはしていない。が、ここで、自分がまず希望に向けて歩き出さないといけないと気付き、それに賛同してくれる人が多くなれば、希望も実現するだろうと思っている。ここで、他者に頼るのではなく、自分が努力することの大切さに気付いた。

◎この発問での話合いの着地点例

お気付きのとおり、この発問は「主人公の考えや心情が最も変化したのは」という表現で「考え」と「心情」のどちらを答えても良いように曖昧な問い方をしている。

当然、「考え」の変化と「心情」の変化は違う。だから、心情の変化であれば、「だんな様!……」が最も大きく、考えの変化であれば「希望という考えが浮かんだところ」の変化が大きい。

鍛えた教室であれば、この発問に仕掛けた教師の思惑を指摘する子どもが出る。

「先生、考えの変化と心情の変化は、違いますよね、どっちを答えれば良いのですか」

こういった指摘のできる子どもはおおいに褒める。その上で、「どちらを答えても良いですし、分けて別々に答えても良いです」とにこやかに応える。

こういった指摘のできる子どもは、教師の含みのある返答も理解できる。

ここでは話合いの後に、追加の説明と指示を与える。

説明「読み手であるあなたたちは、この作品から何らかのメッセージを受けとめていますよね。そのメッセージは、主人公の最も大きな変化をどの場面だと捉えるかで違ってきます。
主人公は、その場面で一体どんな考えや心情を新たに獲得したのでしょう。
指示　主人公の考えや心情の変化の一番大きい場面を①②③④と考えると、どんなメッセージを受けとめますか。そのメッセージをまとめてみましょう。

①「だんな様！……」であれば、次のようなメッセージが挙がる。
S18…「友だちとの仲を大切にしよう」

S19…「仲間が変わってしまっても、あまり凹まないようにしよう」

S20…「社会は、こんなふうに仲間との仲を引き裂くことがある、そんな社会でないことを祈りたい」

S21…「身分などに左右されない友だちとの絆を築いていきたい」

このように、友情といった視点で作品のメッセージを受けとめるであろう。

また、③であれば、次のようなメッセージが挙がる。

S22…「落ち込むことがあっても、きちんと気持ちを整理できる人でありたい」

S23…「過去ばかり振り返らず、前を向いて歩きたい」

寺崎氏が述べているように、「手製の偶像」を基に、最後の「海辺の月にまつわる光景」を読み解くと、④の場面において、「他力本願」から「自力本願」への転換を読み取れる。そして、多くの実践家が紹介しているとおり、回想場面と最後の場面に登場する「海辺の光景」の対比によって、視線の移動の相違の意味を解釈させることを通して、「希望を実現する意思」を確認することもできよう。

筆者は、読者論的に、「どのようなメッセージを受け取ったか」と問うた。もし、作者の意図を探るという課題であれば、①〜③ではなく、④の変化にこそ迫らねばならないであろう。

しかしながら、④の解釈が子どもの口から出ることは実際には稀である。筆者は一〇年余り毎年この授業を行ってきたが、④の解釈を発する子どもはクラスに一名いるかどうかである。

それは、「手製の偶像」の「偶像」の意味が実感として捉えにくいからである。④を押さえさせるためには、「偶像」の辞書的意味と、この文脈での意味をきちんと理解させておく必要がある。

筆者は、寺崎型の展開で追試をしてきたが（寺崎型を丁寧に追試するとそれなりの授業時間を費やさねばならない関係もあり）、近年は、右記のように、どのようなメッセージを受けとめたかを記述させ、その上で、より作者の側に近い主題である④について、筆者が解説することにしている。

その上で、受験を間近に迫った子どもたちに向けて、授業者のメッセージを付け加えることにしている。

説明　まもなく、あなたたちにも、最初の試練である高校入試が近づいてますね。成績が伸びないことを社会のせいにして、周囲のせいにしていても希望は実現しませんよね。

また、主人公が新しい世代に期待しようとしたように、他者に期待していても、その希望は実現しません。まずは、あなた自身が歩き出すことです。

あなたが希望に向けて努力すれば、その姿を見ている周囲の人たちは、きっとあなたを応援するでしょう。世の中は、そんなふうに成り立っています。

「歩く人が多くなれば、それが道になるのだ」には、「自分自身が希望に向けて歩きはじめること」

がすべての前提にあるのです。人任せは、「手製の偶像にすぎぬ」のですから。

希望に向けて努力する人には、自然とオーラが発せられます。嘘ではありません。周囲の人々はきっとそのオーラに引き寄せられます。だから、希望に向けて頑張っている人に対して、人々は応援したり協力したりするのです。だからこそ、その人の希望は実現しやすくなるのだと、先生は思っています。

進路実現が間近ですね。

目標に向かって精一杯努力している皆さんを私は応援しています！

◉注

＊1 井関義久氏が提唱した分析批評を忠実に具現化した名著が、寺崎氏の『「分析の技術」を教える授業』である。この書籍の前にもクライマックス等の検討を促す授業が大西忠治氏を中心とする読み研にも確かにあった。しかしながら、「クライマックス」と「主題」の関係をより明晰としたのは寺崎氏が最初であり、この実践を皮切りとして、これらの関係を授業で問う授業が盛んになった。詳しくは、以下の書籍を参照願いたい。
・寺崎賢一　一九八八　『「分析の技術」を教える授業』　明治図書
・寺崎賢一　一九九一　『暗号の解き方―文学的文章の本当の楽しみ方』　明治図書
・門島伸佳　二〇〇八　「自己学習力を育てる文学教材の読み書き関連指導の実践的研究―謎解き評論文学習の段階的指導の実際―」第114回全国大学国語教育学会（茨城）発表資料
また、この実践の追試については、門島伸佳氏の次の実践も大変に参考となる。

＊2 浜本純逸氏は、「物語の読みにおける主要な観点を七つ挙げているが、その中の三つが、ここでの課題と重なる。「②誰が変わったか　③どのように変わったか　⑥変わったことについてどう思うか」筆者の課題は、浜本氏の文学作品の読みの観点②③⑥を言葉を換えて出題しているとも言える。
・浜本純逸　二〇一〇　『文学の授業づくりハンドブック』　第3巻　渓水社　九―一一頁

4 「トロッコ」（芥川龍之介）（中学一年）

発問 主人公の考えや心情が最も変化したのは、次のどの場面だと考えますか。

① 「高いがけの向こうに、広々と薄ら寒い海が開けた」ところ
② 「われはもう帰んな」と土工に言われたところ
③ 「竹やぶのそば」を駆け抜けているところ
④ 「うちの門口へ駆け込んだ」ところ

これも寺崎氏の方法論に沿った発問である。

なお、選択肢を設けないと、この他にもたくさんの意見が出る。

「このやろう！　誰に断ってトロに触った?」と言われたところ、土工が「乳飲み子をおぶったかみさんを相手に、悠々と茶などを飲み始めた」ところ、「花の咲いた梅に、西日の光が消えかかっている」のを見たところ、「無我夢中に線路のそばを走り続けた」ところ、「みかん畑へ来る」ところ、「村へ入ってみ」たところなどである。

しかし、すべての意見を表出させて討論すると、時間は倍以上かかってしまう。作品から受け取るメッセージと抱き合わせで考えることを考慮すると、これらの意見は、右記の四つの場面に吸収される。そこで時間を短縮する意味でも、この四つの場面の比較をさせると良い。子どもからは、次のような〈根拠〉と〈理由〉が挙がる。

【「高いがけの向こうに広々と薄ら寒い海が開けた」ところ】

S1…根　トロッコに乗ったり、トロッコを押したりしていることをここまでは喜んでいた。楽しんでいた。しかし、ここから「おもしろい気持ちにはなれなかった」。

理　楽しい気持ちからおもしろくない気持ちへと心情が正反対に振れている。

解　ここの変化が一番大きい。

※以下、〈解釈〉部分は省略する。

S2…根　「いつまでも押していていい」と聞いた良平が、「もう帰ってくれればいい」と念じている。

理　「いつまでも続けたい」という気持ちから「もう帰りたい」という気持ちに正反対に変わった。

S3…根　「あまりに遠く来すぎたことが、急にはっきりと感じられた」とある。

理　この前の竹やぶや雑木林でトロッコを押している時も、なんとなく不安になってきたのだと思うが、ここではじめて「急に」「はっきりと」それを自覚した。

S4…根　「広々と薄ら寒い海」とある。

理　「薄ら寒い」のは、海だけでなく、良平の心細さそのものを表している。「あまりに遠く来すぎた」ことがはっきり分かったこの場面が、気持ちの変化の大きさを表している。

S5…根　「高いがけ」とある。

理　これは、これまでの気持ちのピークを表している。ここから心細さや不安といった気持ちに転換する。不安や心細さは、土工に「われはもう帰んな」と言われる前からすでに始まっているのだ。

【「われはもう帰んな」と土工に言われたところ】

S6…根　「良平は一瞬間あっけにとられた」とある。

理　「あっけにとられる」ことは滅多にないことだ。これはショックの度合いが大きいということだ。

S7…根　「もうかれこれ……（中略）……一人、歩いて帰らなければならないこと、――そういうことが一時にわかった」とある。

理　ここで想定外のことが起きた。

S8…根　「良平はほとんど泣きそうになった」とある。

理　ここまでは、土工に対して「早く帰って欲しい」などと思っていたけれど、「泣きたい」気持ちにはなっていなかった。泣きたいくらいに気持ちが動いている。

S9…根　ここまでは、土工を「なんだか親しみやすい」人だとか、「優しい人たちだ」と思っていた。

理　二人の発言は、これまで良平が二人を思っていた気持ちをまったく裏切るものだ。二人に裏切られて、さぞかし、ショックだったにちがいない。

S10…根　ここから先、「無我夢中で」走ったり、「涙がこみ上げ」てきたりしたのは、すべて、この土工の台詞から始まっている。

理　この台詞で、すべてが一転した。

【「竹やぶのそば」を駆け抜けているところ】

S11…根　「いよいよ気が気でなかった」とか「景色の違うのも不安だった」と書いてある。

理　これまでは、ただ必死なだけだったが、ここで自分の置かれている状況が分かった。

S12…根　「命さえ助かれば」とある。

理　ここまでは、「死」までは感じていない。生死を意識しはじめている。

S13…根　「塵労に疲れた彼の前には今でもやはりそのときのように、薄暗いやぶや坂のある道が、細々と一筋断続している。……」とある。

理　彼の前に今でもあるのは、「薄ら寒い海」でも、茶店での「土工」の姿でもない。「やぶ」や「坂のある道」だ。この走っている時の心細さが一番トラウマになっている。

S14…根 同じ文で、「そのときのように」とある。
理 この「そのとき」は、「やぶを走っている」不安や心細さだ。ここを走っている時の気持ちが二十六歳になった後も一番印象に残っていると言える。

【「うちの門口へ駆け込んだ」ところ】

S15…根 「とうとう大声に、わっと泣き出さずにはいられなかった」とある。
理 ずっとずっと堪えていた涙があふれ出したのは、ここだ。「ほとんど泣きそうになった」でなく、本当に泣いたのはここだ。ここで気持ちが一気に吹き出した。

S16…根 「なんと言われても泣き立てるよりほかにしかたがなかった」とある。
理 私は、そんなふうに泣いたことは一度もない。きっと、ものすごい気持ちだったのだと思う。

S17…根 「今までの心細さを振り返ると、いくら大声に泣き続けても、足りない気持ちに迫られながら」とある。
理 「命さえ助かれば」と思っていて助かった安堵と、それまでの不安な気持ちが、この描写に凝縮されている。

S18…根 良平が二十六の年に、「そのときの彼を思い出すことがある」と書いてある。
理 「そのとき」は、「遠い道を駆け通してきた」と思い出して泣いている時の自分の姿だと思う。

説明 「読み手であるあなたたちは、この作品から何らかのメッセージを受けとめていますよね。そのメッセージは、主人公の最も大きな変化をどの場面と捉えるかで、違ってきます。主人公は、その場面で、一体どんな考えや心情を新たに獲得したのでしょう。

中学三年生であれば、主人公の変化と主題を整合させて答えることがある程度可能であるが、中学一年生では少し難しい。そこで、この指示を出す前に、寺崎氏の手法にあるように次のステップを踏む。

（指示） それぞれ①②③④の場面まで、主人公がこだわってきたことは何ですか。また、その場面で獲得したり、失ったり、新たに認識したりしたものは何ですか。

①**「薄ら寒い海が開けた」**ところとすると、ここまでは、「トロッコ」にこだわっていた。ここから先は、「帰ること」にこだわっている。この「トロッコ」という主材は、夢や憧れ、魅惑の象徴だといえる。この主材に意味付けをすることで、作者のメッセージが読み取れることになる。

②**「われはもう帰んな」**のところだとすると、「人を信頼していたこと」「勘違いしていたこと」「勝手に裏切られたと感じたこと」などが主材となる。③は、「心細さ」や「恐怖」「不安」「泣きたいけど泣けない切なさ」が、その主材になるであろうし、④であれば、「命」がそれにあたる。

これらの主材の確認は、すべての子どもの発言で覆うことはできないかもしれない。この課題では、ペンが止まり、書けない子どもがいるのはやむをえない。この場合、教師側から説明しても良い。その上で、作品から受け取ったメッセージや、作品を読んで自分が「こうしたい」と思ったことを書かせる。

子どもの受け取るメッセージは以下のようになる。

【「高いがけの向こうに、広々と薄ら寒い海が開けた」ところ】

S19…「おいしいことを続けていると、バチがあたる。」

S20…「遊んだら、ほど良いところで、ちゃんと帰る。それが大事。」

S21…「あんまり、一つのことにはまってはだめだ。僕もゲームに夢中になって、勉強が手につかなくなったことがある。注意したい。」

S22…「夢中になりすぎると、痛い目にあうことがある。何かに夢中になっても冷静さを失ってはいけない。」

S23…「「やばい」と思った時、どうしたら良いのだろう。土工に言われるのを待つのではなく、自分から言い出さないといけなかった。まわりに流されないようにしよう。」

S24…「題名は、「土工」じゃなくて「トロッコ」だ。だから、やっぱり一番こだわっていたのは「トロッコ」なのだ。自分が正しいと思ったり、これで良いと思ったりしていることが、いつの日か、そうでなかったと知ったら、やはり衝撃を受けるだろう。大人になった良平が感じているのは、自分のしていることの「不確かさ」なんじゃないだろうか。よかれと思って何かに熱中しても、いつの日か「薄暗いやぶや坂のある道」に急変するかもしれない、そういった漠然とした不安を描いているんじゃないだろうか。」

【「われはもう帰んな」と土工に言われたところ】

S25…「大人を信じちゃいけない。」

S26…「優しそうな人に注意しよう。土工は、自分たちに都合がいいように、良平を利用しただけで、実は汚い奴らだった。優しい人には注意が必要だ。」

S27…「人によって距離感が違う。歩いた距離もそうだけど、いろんな意味で人によって感じ方だとか距離感が違う。みんな自分と同じように思っていると勘違いしないようにしよう。」

S28…「思い込みっておそろしい。良平は、三人で帰るものと思っていた。これは良平が勝手にそう思っていただけのことだ。思い込みをできるだけしないようにしたい。」

S29…「この土工とのやりとりは、きっと良平のトラウマになったことだろう。大人になってからも、いつ裏切られるか分からない、そういう不安を描いているんだと思う。」

【「竹やぶのそば」を駆け抜けているところ】

S30…「「薄暗いやぶや坂のある道」は、「先が見えない不安」や「どうなるかわからない不安」を象徴している。良平が二十六歳で思い出したのは、そんな「不安」だと思う。ゴールに付くまではずっと不安。」

S31…「「ひとりぼっち」というのが、一番不安なんだと思う。良平は大人になっても、どこかひとりぼっちの気持ちを抱えていたんだと思う。家族とか仲間を大切にしたい。」

【うちの門口へ駆け込んだ」ところ】

S32…「良平は助かって良かった。やっぱり、命が一番大事だ。」

S33…「一人で恐怖を乗り切った切なさは、それを経験した人でないと分からない。良平の本当の心細さは、きっと誰にも理解できないし、共有できない。だからこそ「良平は、泣くより仕方なかった」んだと思う。誰にも打ち明けられない、打ち明けても仕方のない「心細さ」みたいなものが、この作品のテーマなんじゃないだろうか。」

どのようなメッセージを受け取るかは、個々の子どもに任せて良い。

「トロッコ」の象徴性と、「薄暗いやぶや坂のある道」の「不安」の正体についての考察ができることが大事である。しかしながら、こういった「得体の知れない不安」の実感は、まさに大人になってから本当に経験するものなのかもしれない。

二十六歳になった最後の場面を提示することが、中学生の教材としてふさわしいかどうか、これまでも議論の的になっていた所以である。教育的配慮という名の下に、最後の場面をカットするという見解も、筆者は分からないでもない。「不安」という作品のテーマが、中学生にはあまりに重いからである。

私は、次のように、きわめて明るくさらっと子どもに話して終わりにしている。

補足　一言で「不安」「心細さ」といっても、様々な種類の「不安」や「心細さ」があるものですね。

現代は、「不安の時代」だと言われることがあります。得体がはっきりしないから「不安」なんですよね、きっと。できれば、そういった種類の心情とは無縁に生きていきたいですね。

〈指示〉 では、感想をどうぞ。

5 「空中ブランコ乗りのキキ」（別役実） （中学一年）

ここまでの実践事例は、予想される子どもの反応が読者に分かりやすく伝わることを目的として、〈根拠〉と〈理由〉と〈解釈〉を分離させて記述してきた。子どもたちが本文中のどの言葉を〈根拠〉として抽出するかを明示することで、授業者の教材研究が深まると考えたからである。

最後の実践事例は、ライブ感を優先し、〈根拠〉**根**と〈理由〉**理**と〈解釈〉**解**の話形に分けずに記述する。授業はそれぞれの国語教室で繰り広げられる一つの物語（ドラマ）である。筆者が一〇年来行ってきた「空中ブランコ乗りのキキ」の実践では、どの学級においても、数々の熱い話合いが繰り広げられてきた。生徒が話合いを続けたいと言って次時の他教科担当の先生に「国語に変更してください」と直訴に行った学級もあれば、数時間に及ぶ話合いとなった学級もある。熱心に〈読み〉を追究した子どもたちの発言を思い出し、話合いの様相がリアルに伝わるように、敢えて話形を崩して記述する。発言によっては、〈根拠〉と〈理由〉と〈解釈〉の三つが必ずしも揃っていないがお許しいただきたい。

発問① **おばあさんは、キキにとって、良い人であったと言えますか。悪い人であったと言えますか。**

◎話合いの様相

S1…キキに四回宙返りをさせたから、良い人だったと言える。

S2…しかし、キキが鳥になったのは、おばあさんが手渡した「青い水」のせいだ。青い水を飲まなければ、キキは鳥にならずにすんだ。だから、おばあさんは悪い人だ。

S3…でも、「青い水」を手渡しても、「飲め」と命令してない。「これを、やる前にお飲み。……盛大な拍手をもらって……それで終わりさ。それでもいいなら、おやり。」とある。おばあさんは「青い水」を手渡しはしたけれど、それを飲むかどうかは、キキ自身に選ばせた。だから、おばあさんは、悪くない。

S4…ちょっと待って。最終的な判断をキキにさせているように見えるけど、追い込んでいるよ。というのは、「おまえさんは知っているかね？」から、おばあさんの台詞を拾っていくと、「金星サーカスのピピが、三回宙返りをやったよ。」と、キキが知りたくもない情報を勝手にキキに教えて、「みごとな三回宙返りだったそうだよ。」「おまえさんの三回宙返りの人気も、今夜限りさ……。」とキキを挑発し、「明日の晩の、拍手は、今夜の拍手ほど大きくはないだろうね。」と嫌味を言っている。

ここまで皮肉を言われたら、誰だって、薬を飲みたくなる。

キキは、おばあさんに、たぶらかされたと言える。キキを陥れたんだから、キキにとって良い人と言えるわけがない。

S5…そうそう。このおばあさんは、金星サーカスからの回し者だよ。キキがいなくなったら、三回宙返りができるのは、ピピだけになるからね。キキは、おばあさんの罠にはまったんだよ。

T……おばあさん、金星サーカス回し者説ですか。

S6…でも、おばあさんがキキに教えなくても、いずれキキの耳にピピの噂は届いたはずだ。おばあさんが挑発しなくても、キキの気持ちは変わらなかったと思う。

だって、キキは言っている。「人気が落ちるということは、きっと寂しいことだと思うよ。お客さんに拍手してもらえないくらいなら、私は死んだほうがいい……。」って。

おばあさんが追い込んだかどうかは関係なく、キキは、自分の生きたいように生きたと思う。おばあさんの「青い水」はその手助けをしたと言える。だから、おばあさんは良い人だ。

S7…おばあさんは、「お待ち。」「おまえさんは、明日の晩四回宙返りをやるつもりだね。」「死ぬよ。」とキキに忠告している。その後も「おまえさんは、お客さんから大きな拍手をもらいたいという、ただそれだけのために死ぬのかね。」と確認をして、キキの「そうです。」を受けて、「それほどまで考えてるんだったら、おまえさんに四回宙返りをやらせてあげよう。」と言っている。

つまり、おばあさんの薬を飲まなければ、キキは、四回宙返りに失敗して、床に落ちて死んでしまうはずだった。キキを死から救って、しかも大きな拍手をもらった上で消えさせたのだから、キキにとって、良い人だったと言える。

S8…でも、キキは、自分の力で成功させたかったんじゃないかな。この「青い水」って、結局、ドーピングだよ。ドーピングしてまで、拍手が欲しかったのかな。そんな成功は、本当の成功じゃない。イカサマだよ。そんなイカサマにはめたんだから、いかがわしく怪しい悪い奴に決まっている。

S9…自分の力で飛びたいなんて、どこにも書いてないよ。スポーツじゃなくて、サーカスの世界の話なんだから、一緒に考えるべきではないのでは。

S10…飛ぶ直前、薬を飲む直前に、キキは、「あのおばあさんも、このテントのどこかで見ているのかな……。」と言っている。これは、おばあさんのことを信頼している言葉だ。もし、信頼していなければ、薬も飲まないし、こんなふうに飛ぶ直前に、おばあさんのことを思い出すことはない。だから、キキはおばあさんを信頼していたのだし、キキにとって、おばあさんは良い人だった。

S11…だからさぁ、もうこんなふうに飛ぶ直前に、こんなふうに言っていること自体、キキがおばあさんにリモートコントロールされているんだって。キキはおばあさんに操られているだけだよ。

◎この発問での話合いの着地点例

「良い人」か「悪い人」かは、人によって感じ方は違うものである。これは論理ではなく、感性の問題であるので、全員一致の解釈は求められないし、求めるべきではない。

作品との最初の出会いとして、おばあさんを「キキの自己実現を補助してあげた善人」のように範読すると、「良い人」と感じる子どもが多い。S5の意見が出た後に、同じ箇所のおばあさんを「キキを罠にはめようとしている悪人」のように範読すると、反転して、おばあさんを「悪い人」と感じる子どもが多くなる。読み方に左右される感覚的な問題も大きい発問である。

右記には一一の発言例を挙げたが、この他にもたくさんの〈根拠〉を探すことができる。いずれにせよ、たくさんの〈根拠〉から、どちらにも考えられるようにおばあさんの人物像を設定し、不可解な怪しい人物として描き出している作者の巧みさに気付かせたい。この作品の人物設定の面白さを子どもに考えさせる目的でこの発問は有効である。

この発問については決着を付けず、「キキにとって、良い人であったのか、悪い人であったのかは、次の発問に答えることで見えてくるよ。次の発問は、これです。」と言って、次の発問を提示する。

発問②　キキは幸福であったと言えますか。言えませんか。

◎話合いの様相

S12…キキは死んだんだから、幸福なわけがない。

S13…死んだなんて、どこに書いてある。どこにも死んだなんて書いてないよ。

S14…「キキはもうどこにもいなかった」とある。「消えた」ということだ。死んでなくても消えたんだから、幸福と言えない。

S15…「人々のどよめきが、潮鳴りのように町中を揺るがして……人々はみんな思わず涙を流しながら、辺りにいる人々と、肩をたたき合いました。」とある。「お客さんに拍手してもらえないくらいなら、私は死んだほうがいい……。」とまでキキは言っていたんだから、死んだとしても消えたとしても、最後にこんなにもお客さんに喜んでもらえたんだから、幸福だったと考えていいと思う。

S16…そうそう。キキは、一回もできなかった四回宙返りに成功して、お客さんから拍手をもらえたんだから、幸福の絶頂で消えたんだよ。

S17…え？　キキは、四回宙返りに成功してないよ。どこに成功したと書いてある。そこのところ読んでみるよ。「……三回転。お客さんは、はっと息をのみました。しかしキキは、やっぱり緩やかに、ひょうのような手足を弾ませると、次のブランコまでたっぷり余裕を残して、四つめの宙返りをしておりました。人々のどよめきが、……」

　ほらね、四回目の宙返りをしてはいるけど、その後に、向こう側のブランコに飛び移ったとは書いてないんだよ。これは成功したうちに入らないんじゃない。やっぱり、おばあさんの罠にはまったんだよ。

S18…それから、「サーカスの大テントのてっぺんに白い大きな鳥が止まっていて、それが悲しそうに鳴きながら、海の方へと飛んでいったといいます。」と書いてある。

　「悲しそうに鳴きながら」なんだから、幸福のわけがない。もし、幸福だったら、「嬉しそうに鳴きながら」になるはずだ。

S19…ちょっと待って。「悲しそうに」なんだから、「悲しく鳴いて」じゃないよ。断定はできないよ。

S20…私も断定できないと思う。「もしかしたらそれがキキだったのかもしれないと、町の人々はうわさしておりました。」と書いてあるんだから、勝手に町の人たちが噂していただけだよ。キキが不幸だなんて、断定できないよ。

S21…でも、キキが空中ブランコで飛ぶ時には、今までも、「キキは白鳥のように飛び出してゆきました」とか、「お客さんにはそれが、天に昇ってゆく白い魂のように見えました。」とか、「大きな白い鳥が滑らかに空を滑るように、キキは手足を伸ばしました。」と書いてある。今までキキのことを「白い鳥」とか「白い魂」と描写していたんだから、最後の「白い大きな鳥」も、キキの姿だと読むのが自然だ。

S22…鳥がキキだったのかどうかは、私には興味ありません。消えてしまったキキを、「サーカス中の人々が必死になって捜し回った」とあります。こんなふうに、仲間たちから心配してもらえたキキは、幸せだったと私は思います。

T……どれも鋭い意見だねぇ。「幸福」って、自分で決めるものだからね。人が決めるものじゃないからね。人々の噂は関係ないかもね。では、視点を変えてみるね。作者は、キキの生き方をどう考えているんだろう。

S23…「人々はうわさしておりました。」で作品は終わっている。だから、作者は、自分の考えを最後の人々の噂に重ねたんだと思う。

S24…え〜、そうかなぁ。人の生き方について、勝手に「悲しそう」とか噂する世間の人々のことを批判して、こんなふうに作品を締めたんじゃないの。今、先生が言ったように、幸福かどうかは、自分で決めるしかないんだよ。そう考えると、キキは、「拍手」や「人気」にこだわり続けて生きてきたんだし、最後までそれを全うしたんだから、私は幸福だったと考えるなぁ。

説明 人気商売の仕事は大変ですよね。サーカスは、お客さんが喜んで、なんぼの世界です。そういう世界の華やかさと切なさが滲んでいる作品ですよね。最後まで喝采を浴びて華やかに生き抜いたといえば幸福なのでしょうし、拍手や人気にこだわらざるをえない宿命を負っていたこと自体が、どこか悲しいとも言えますね。作者の別役実は劇作家であり、舞台に立つ多くの役者さんを見てきました。

作者は、役者さんたちの華やかさと、その裏に滲む哀切さ、どちらをも書ききろうとしたのでしょうね。

〈指示〉 では、今までの話合いを基に、この作品の魅力をまとめましょう。

◎この発問での話合いの着地点例

最後に、〈読み〉の過程におけるアブダクションについて補足しておこう。

実は、この発問は、「幸福とは何か」という幸福の定義や「どういう状態を幸福と呼ぶか」という幸福観、「幸福をどう捉えるか」という幸福の概念と密接に関連している。「幸福とは、自己実現することである」という定義に立てば、キキは幸福であった。しかし、「過度に人気にこだわらざるを得なかった宿命を負った生き方は幸福とは言えない」といった幸福観も否定できない。**図10**のように、「もし、幸福を……と考えれば、」という仮言命題を考えながら、最終的にその幸福の概念を策定していく思考は、アブダクションである。

ここでいう幸福観、幸福の概念というのは、第二章理論編で説明した科学のアブダクションにおける理論にあたる。科学の世界では事象を解釈する過程において、アブダクションが働き、例えば、原子核と電子の関係であれば「惑星モデル」といった原子模型が仮説され、その仮説は他の現象を解明したりするときに賦

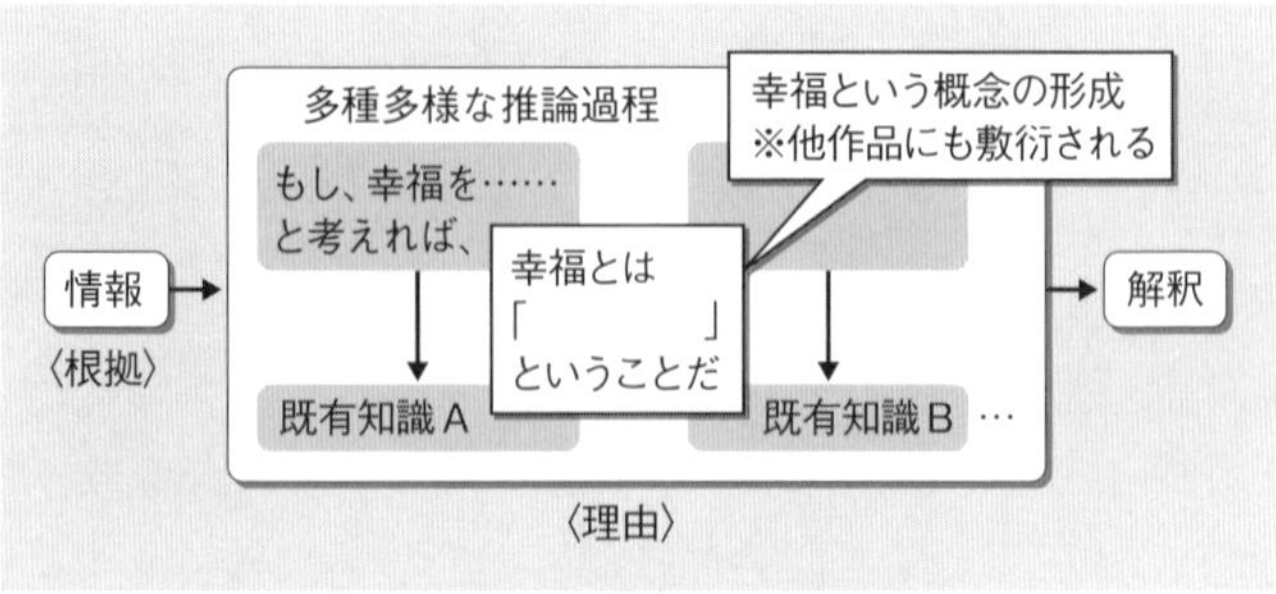

図10

活されるモデルとなった。

同様に、今回の〈読み〉で策定された幸福観は、その読み手において、次の作品を読んだり、何らかの現象に出会ったりしたときに賦活される一つのモデルとなる。

これは新たな知識として蓄積されるだけでなく、今後の問題解決場面で賦活される方略にもなるものである。筆者が、〈読み〉をアブダクションとして捉えているのは、こういった〈読み〉の作用を述べている。これについては他の論文を参照願いたい。*1

さて、ここで少し駄弁を弄したい。

S22の「仲間たちから心配してもらえたから幸せだ」という解釈についてである。

実は、筆者が実際、この授業を行った時にこの解釈を述べた子どもは、集団から逸脱していた子どもであり、反社会的行動を繰り返す子どもであった。その子どもが、こういった解釈を述べたことに、少し感傷的な表現を許されるならば、私は、はからずも心が震えた。反社会的行動を繰り返している彼女に対して、多くの教員が彼女への指導や支援に疲弊しかけている時の授業であった。担任は、遅刻を繰り返す彼女と、毎日玄関で、言い争いの格闘を続けていた、そんな時期での彼女の発言であった。

私は、「あぁ、この子は、いろんなことをしでかして周囲を困らせているけれども、やはり、心のどこかで寂しいんだな。声を掛けてもらいたいんだな。『うぜぇんだよ』と反抗的なことばかり口にしているけれども、本当は、自分のことをかまって欲しいんだな。気に掛けていて欲しいんだな。」——そう痛感した彼女の発言であった。

私は、授業後、このエピソードをただちに担任と生徒指導主事に伝えた。

解釈のアブダクション・モデルで言えば、〈根拠〉は本文から探すにしても、その〈理由〉は、その読み手の既有経験に大きく左右される。この発問を私は一〇年以上続けて子どもに投げ掛けてきたし、三五〇人以上の子どもとともにこの発問での話合いを繰り返してきたけれども、この解釈を述べた子どもは、彼女ただ一人だけであった。

「他者から心配されることが幸せかどうかの尺度となる」ということは、身内をはじめとする近しい人からの愛情に飢えている子どもでなければ発せられない発言であろう。

こういった解釈が挙がるからこそ、国語の授業は楽しい。

彼女の発言を受けて、クラスメイトたちも彼女への対応を考えたに違いないと私は思っている。私は一年間、ずっと彼女の清掃担当箇所の指導教員として、彼女とクラスメイトたちの関係を見守ってきたが、彼女を仲間に加えようとして言動した大勢の子どもたちがいた。

担任の指導が素晴らしかったのは言うまでもないが、我田引水かもしれないが、彼女のこの時の発言をクラスメイトたちは、「私のことを心配してね」という彼女からのメッセージとして受けとめたのではないかと推測している。たらたらとした清掃態度の彼女に、「一緒にロッカーの上を雑巾で拭こう」「こっちから向こうは、○○ちゃんの担当だよ」と声を掛けている仲間がいたからである。

閑話休題。

この発問における着地点は、教師の最後の説明にある。

鍛えた学級であれば、教師の説明にたどり着くまでの、ここに挙げた解釈の多くが発せられることであろ

5　「空中ブランコ乗りのキキ」（別役実）

う。この他、話合いの途中で、「白い鳥」の「白」の形象を課題とするのも面白い。「お客さんを喜ばせようとする純真さ」「一途な思い」「ピュアな心」といった象徴性を読み取ることもできるし、同時に、「いずれ消えゆくはかない生命」「消失する宿命」といった象徴性も読み取れる。これは、「喪失ではなく」でも説明した「純真であることの哀切さ」「ピュアであり続けることのはかなさ」といった文学的価値の高いアイロニーでもある。

いずれにせよ、「どのようにも解釈できるだけの幅をもたせて描写されているこの作品」は、味わい深い名作である。この作品は、この二つの発問で、じっくり考えさせ、話合いをさせるだけで文学作品を解釈する楽しさを子どもたちに伝えることができる。加えて、この二つの発問で、道徳臭く扱わなくとも、「生きるということ」について、少しばかり思索を深めさせることもできる。素晴らしい作品である。

注

＊この発問は、以下の実践論文等で発表している。

・佐藤佐敏　二〇〇四「学びを自覚していく授業（一年次）」『新潟大学教育人間科学部附属新潟中学校研究紀要』第47集　九—二〇頁

・佐藤佐敏　二〇〇九「もし……という思考方略—教材を料理する鋭利な刃物—」『国語教育』明治図書　二〇—二三頁

＊1　佐藤佐敏　二〇一三「国語科教育における学習課題と〈読み〉の分類」新潟大学教育学部『新大国語』第三四号　一—一二頁

空中ブランコ乗りのキキ

別役実

そのサーカスでいちばん人気があったのは、なんといっても、空中ブランコ乗りのキキでした。

サーカスの、大テントの見上げるように高い所を、こちらのブランコからあちらのブランコへ、三回宙返りをしながらキキが飛ぶと、テントにぎっしりいっぱいの観客は、いつも割れるような拍手をするのです。

「まるで、鳥みたいじゃないか。」

「いえ、どちらかというと、ひょうですね。」

「いや、お魚さ。あゆはちょうどあんなふうに跳ねるよ。」

人々はみんな、キキの三回宙返りを見るために、そのサーカスにやってきました。どの町へ行っても、キキの評判を知っていて、だからそのサーカスは、いつでも大入り満員でした。

「なあ、キキ……。」

団長さんは、いつも言っておりました。

「おまえさんは、世界一のブランコ乗りさ。だってどこのサーカスのブランコ乗りも、二回宙返りしかできないんだからね。」

「でも、団長さん。いつか、誰かがやりますよ。みんな、一生懸命、練習をしていますもの。そうしたら、私の人気は落ちてしまうでしょう。」

「心配しなくてもいい。誰にも三回宙返りなんてできやしないさ。それに、もし、誰かがやり始めたら、おまえさんは四回宙返りをしてみせればいいじゃないか。」

「四回宙返りを？　できませんよ。練習してみましたが、三回半がやっとなんです。本当に、鳥でもないかぎり四回宙返りなんて無理なんです。」

キキは、人々の評判の中で、いつも幸福でしたが、誰か他の人が三回宙返りを始めたらと、考えると、そのときだけ少し心配になるのでした。

「そのときは、団長さんの言うとおり、四回宙返りをしなければいけないのだろうか……。」

キキは、サーカスの休みの日、誰もいないテントの中で何度か練習をしてみました。でも、いつももう少しというところで、ブランコに届かずに落ちてしまうのです。練習のときには、落ちたときの用心に、下に網が張ってありますが、本番のときには、それがありません。キキのお父さんも、空中ブランコのスターだったのですが、三回宙返りに失敗して落ち、それがもとでなくなったのでした。

「およしよ。」

練習を見にきたピエロのロロが、キキに言いました。

「四回宙返りなんて無理さ。人間にできることじゃないよ。」

「でも、誰かが、三回宙返りを始めたら、私の人気は落ちてしまうよ。」

「いいじゃないか。人気なんて落ちたって死にやしない。ブランコから落ちたら死ぬんだよ。いっそ、ピエロにおなり。ピエロなら、どこからも落ちやしない。」

「人気が落ちるということは、きっと寂しいことだと思うよ。お客さんに拍手してもらえないくらいなら、私は死んだほうがいい……。」

キキのいるサーカスが、ある港町のカーニバルにやってきた夜のことでした。

キキは、サーカスを終えて一人波止場を散歩しておりました。波止場の片隅に、やせたおばあさんが一人座って、シャボン玉を吹いております。

「こんばんは。」

「ああ、こんばんは。ブランコ乗りのキキだね。」

「そうです。今夜の三回宙返りは、見てくれましたか。」

「いいや、見なかったよ。」

「そうですか。惜しいことをしましたね。今夜は、特にうまくいったんです。飛びながら自分でもまるで鳥みたいだって思えたくらいなんですからね。」

「みんなもそう言っていたよ……。」

おばあさんは、あいかわらずシャボン玉を吹きながら、遠くカーニバルのテントの建ち並ぶ辺りでついたり消えたりしている赤や青の電気を見ておりましたが、急にキキの方に振り向いて言いました。

「おまえさんは知っているかね?」

「何をです?」

「今夜、この先の町にかかっている金星サーカスのピピが、三回宙返りをやったよ。」

「本当ですか。」

「とうとう成功したのさ。みごとな三回宙返りだったそうだよ。」

「そうですか……。」

「その評判を書いた新聞が、今、定期船でこの町へ向かって走っている。明日の朝にはこの町に着いて、みんなに配られる。おまえさんの三回宙返りの人気も、今夜限りさ……。」

「そうですね……。」

「そうだよ。明日の晩の、拍手は、今夜の拍手ほど大きくはないだろうね。」

「でもね、おばあさん。金星サーカスのピピがやったとしても、まだ世界には三回宙返りをやれる人は、二人しかいないんですよ。」

「今までは、おまえさん一人しかできなかったのさ。それが、ピピにもできるようになったんだからね。お客さんは、それじゃ練習さえすれば、誰にでもできるんじゃないかな、って考え始めるよ。」

キキは黙ってぼんやりと海の方を見ました。しかしまもなく振り返ってほんのちょっとほほえんでみせると、そのままゆっくり歩き始めました。

「おやすみなさい。おばあさん。」

「お待ち。」

キキは立ち止まりました。

「おまえさんは、明日の晩四回宙返りをやるつもりだね。」

「ええそうです。」

「死ぬよ。」

「いいんです。死んでも。」

「おまえさんは、お客さんから大きな拍手をもらいたいという、ただそれだけのために死ぬのかね。」

「そうです。」

「いいよ。それほどまで考えてるんだったら、おまえさんに四回宙返りをやらせてあげよう。おいで……。」

おばあさんは、かたわらの小さなテントの中に入り、やがて、澄んだ青い水の入った小瓶を持って現れました。

「これを、やる前にお飲み。でも、いいかね。一度しかできないよ。一度やって世界中のどんなブランコ乗りも受けたことのない盛大な拍手をもらって……それで終わりさ。それでもいいなら、おやり。」

次の日、その港町では、金星サーカスのピピがついに三回宙返りに成功したという話題でもちきりでした。

でも、午後になると、その町の中央広場の真ん中に、大きな看板が現れました。

「今夜、キキは、四回宙返りをやります。」

町の人々は、一斉に口をつぐんでしまいました。そしてその看板を見たあと、ピピのことを口にする者は誰もいなくなりました。

夕食が終わると、ほとんど町中の人々がキキのサーカスのテントに集まってきました。

「おい、およしよ。死んでしまうよ。」

ピエロのロロがテントの陰で出番を待っているキキに近づいてきてささやきます。

「練習でも、まだ一度も成功していないんだろう?」

陽気な団長さんまでが、心配そうにキキを止めようとします。

「だいじょうぶですよ。きっとうまくゆきます。心配しないでください。」

音楽が高らかに鳴って、キキは白鳥のように飛び出してゆきました。

テントの高い所にあるブランコまで、縄ばしごをするすると登ってゆくと、お客さんにはそれが、天に昇ってゆく白い魂のように見えました。ブランコの上で、キキは、お客さんを見おろして、ゆっくり右手を上げながら心の中でつぶやきました。

「見ててください。四回宙返りは、この一回しかできないのです。」

ブランコが揺れるたびに、キキは、世界全体がゆっくり揺れているように思えました。薬を口の中に入れました。

「あのおばあさんも、このテントのどこかで見ているのかな……。」

キキは、ぼんやり考えました。

しかし、次の瞬間、キキは、大きくブランコを振って、真っ暗な天井の奥へ向かって飛び出していました。

ひどくゆっくりと、大きな白い鳥が滑らかに空を滑るように、キキは手足を伸ばしました。それがむちのようにしなって、一回転します。また花が開くように手足が伸びて、抱き抱えるようにつぼんで……二回転。今度は水から跳びあがるお魚のように跳ねて……三回転。お客さんは、はっと息をのみました。しかしキキは、やっぱり緩やかに、ひょうのような手足を弾ませると、次のブランコまでたっぷり余裕を残して、四つめの宙返りをしておりました。

人々のどよめきが、潮鳴りのように町中を揺るがして、その古い港町を久しぶりに活気づけました。人々はみんな思わず涙を流しながら、辺りにいる人々と、肩をたたき合いました。

でもそのとき、誰も気づかなかったのですが、キキはもうどこにもいなかったのです。お客さんがみんな満足して帰ったあと、がらんとしたテントの中を、団長さんをはじめ、サーカス中の人々が必死になって捜し回ったのですが、無駄でした。

翌朝、サーカスの大テントのてっぺんに白い大きな鳥が止まっていて、それが悲しそうに鳴きながら、海の方へと飛んでいったといいます。

もしかしたらそれがキキだったのかもしれないと、町の人々はうわさしておりました。

〈出典　平成二四年度版『中学生の国語　一年』(三省堂)／原典『黒い郵便船』〉

二〇一一年、世界のイノベーターとして脚光を浴びていたスティーブ・ジョブズ氏が死去した。ジョブズ氏の薫陶を受けていた外村仁氏が、様々な分野で世界に遅れをとっている日本社会を心配して次のように述べている。

「(日本という国は)一貫性に重きを置きすぎて、変化への対応がおろそかになっていないか?*」

この指摘は示唆的である。政治や経済にかかわるマスコミの報道から教育現場における職員室に至るまで、思い当たる光景が多数頭を過ぎる。日本では、一度決めたことを最後まで貫くことが、一つの美徳だとされてきた。そして、前言を撤回する言動は恥ずかしいことであると見なされてきた。

確かに、「一貫性」は潔く美しい。その一方、「修正や変更」は見苦しい。
これは、私たち日本人の心に長年にわたって刷り込まれてきた感覚の一つである。
しかし、永続的に変化しないことは稀である。

現代は情報に溢れている。情報過多の現代では、日々、新しい事実が判明している。新しい事実が新しい〈根拠〉として加われば、その推論は修正されることのほうが自然である。

この点において、筆者は、自身の解釈の修正を促さず個々の解釈をおおらかに認めてきた国語教室の罪は重いと判断している。日本の国語科教育は、確証バイアスの強化に加担しているとも言えるのではないか。

これはいささか挑発的な表現になるが、あながち真実から遠い指摘をしているわけではなかろう。

本著をまとめながら筆者は、様々な場面で引用される次のアフォリズムを想起した。

「生存競争には、最も強いものが生き残るのではない。最も賢いものが生き残るものでもない。変わりうるものが生き残るのである（環境に適応できるものが生き残るのである）。」

これはダーウィンの言葉であると伝聞されているが、その原文の所在は明らかにされていない。出典は定かではないが、多くの場面で引用される分、「環境に適応できるものが生き残る」という格言に納得させられる人は多いのだろう。環境の変化の激しい現代であるからこそ、このアフォリズムは生きる。

〈根拠〉を示せず自分の考えを持てないまま周囲に流される子どもも問題であるが、同時に、他者の解釈を聞き入れられないような頑固な子どもは、変化の激しい環境に適応できないであろう。確証バイアスを乗り越えられない子どもは、優しく守られていた学校を離れた途端、社会の変化に適応できず、時代の波に押し潰されるであろう。

学校教育では、自分の解釈や推論は不完全な仮説に過ぎないのだという前提に立って、〈根拠〉を基に最も蓋然性のある問題解決を図れる子どもを育てたい。国語の授業では、「一度発言したことに責任をもて」という一貫性の重さから解放させて、新しい事実の判明にあわせて自身の発言の修正や更新を図る身軽さを身に付けさせたい。変化の激しい時代をたくましく、しなやかに生き抜いていくために。

◉注

＊カーマイン・ガロ著　井口耕二訳『スティーブ・ジョブズ驚異のイノベーション』日経ＢＰ社　二七四頁

謝辞　最後になりましたが、本著の出版にあたって、三省堂の石戸谷直紀氏と佐野郁世氏に大変お世話になりました。ここに感謝申し上げます。

◉著者紹介

佐藤佐敏（さとう・さとし）

1964年生まれ。博士（教育学）。
新潟県内の中学校、新潟大学教育人間科学部附属新潟中学校、上越教育大学、新潟大学教育学部を経て、現在は福島大学人間発達文化学類教授。専門は国語科教育学。実践に役立つ授業理論の構築を目指している。本著にかかわる代表的な論文は以下のとおり。

- 「読みの方略が転移する可能性—作品を解釈する仮定スキルが他の読みの場面で活用される条件—」全国大学国語教育学会編『国語科教育』第六十五集、2009年、59-66頁。
- 「解釈におけるアブダクションの働き— C.S.Peirce の認識論に基づく「読みの授業論」の構築—」全国大学国語教育学会編『国語科教育』第六十七集、2010年、27-34頁。
- 「解釈する力を高める話合い—「解釈のアブダクションモデル」に基づく発問と話合い—」全国大学国語教育学会編『国語科教育』第六十九集、2011年、11-18頁。
- 「解釈は仮説的推論である—科学の領域における仮説をめぐる論考を援用して—」日本国語教育学会編『月刊国語教育研究』No.481、2012年、50-57頁。

思考力を高める授業
作品を解釈するメカニズム

2013年5月10日　第1刷発行
2016年5月10日　第3刷発行

著　者　佐藤佐敏
発行者　株式会社 三省堂　代表者 北口克彦
印刷者　三省堂印刷株式会社
発行所　株式会社 三省堂
〒101-8371 東京都千代田区三崎町二丁目22番14号
電話　編集 (03) 3230-9411
　　　営業 (03) 3230-9412
振替口座　00160-5-54300
http://www.sanseido.co.jp/

落丁本・乱丁本はお取り替えいたします　Printed in Japan
〈思考力を高める授業・160pp.〉

ISBN978-4-385-36077-5